CITY|TRIP
NEW ORLEANS

Inhalt

Benutzungshinweise	5
Die Autoren	6

Auf ins Vergnügen **7**

Kurztrip nach New Orleans	8
Zur richtigen Zeit am richtigen Ort	11
New Orleans für Citybummler	13
New Orleans für Kauflustige	15
New Orleans für Genießer	19
New Orleans am Abend	28
New Orleans für Kunst- und Museumsfreunde	33
New Orleans zum Träumen und Entspannen	37

Am Puls der Stadt **39**

Das Antlitz der Metropole	40
Von den Anfängen bis zur Gegenwart	41
Leben in der Stadt	46
Musik im Blut	53

New Orleans entdecken **57**

French Quarter – Vieux Carré **59**

❶ Jackson Square ★★		60
❷ St. Louis Cathedral ★		60
❸ Cabildo und Presbytère ★★★		61
❹ Pontalba Buildings ★★		62
❺ New Orleans Pharmacy Museum ★		63
❻ Napoleon House ★		63
❼ Historic New Orleans Collection ★★		63
❽ Bourbon Street ★		64
❾ St. Louis Cemetery No. 1 ★★★		64
❿ Tremé und Louis Armstrong Park ★		68
⓫ Hermann-Grima House ★		69
⓬ New Orleans Historic Voodoo Museum ★		69
⓭ Madame John's Legacy ★		70
⓮ Royal Street ★★★		71
⓯ Gallier House Museum ★★		72
⓰ Old Ursuline Convent ★		73
⓱ Beauregard-Keyes House ★		73
⓲ Old U.S. Mint ★		74
⓳ French Market ★★★		74
⓴ New Orleans Jazz National Historical Park ★		75
㉑ Riverfront ★		76

Warehouse und Central Business District **77**

㉒ Canal Street ★	79
㉓ Warehouse District ★	80
㉔ National World War II Museum ★★	80

㉕ Ogden Museum of Southern Art ★	81	Sprache	120
㉖ Lee Circle ★	81	Stadttouren	120
㉗ Gallier Hall ★	81	Telefonieren	123
㉘ Superdome ★★	82	Uhrzeit und Datum	123
㉙ Blaine Kern's Mardi Gras World ★★★	82	Unterkunft	124
		Umgangsformen und Verhaltenstipps	128

Around Town 86

㉚ Magazine Street ★★ 86
㉛ Garden District ★★★ 86
㉜ St. Charles Ave./Uptown ★ 89
㉝ New Orleans Museum of Art/ City Park ★★★ 89
㉞ Pitot House Museum ★ 91
㉟ Longue Vue House and Gardens ★ 91

Verkehrsmittel 128
Versicherungen 130
Wetter und Reisezeit 130

Anhang 131

Kleine Sprachhilfe Amerikanisch 132
Register 137
Liste der Karteneinträge 140
Mit PC, Navi, iPhone & Co. 144
Legende der Karten- und Textsymbole 144

Ausflüge ins Umland 92

㊱ Gretna ★ 92
㊲ Chalmette Battlefield and National Cemetery ★ 93
㊳ Plantation Road ★★ 93
㊴ Baton Rouge ★★ 94
㊵ Lafayette – die Cajun Capital ★★ 97
㊶ „Queen City" New Iberia ★★★ 99

Exkurse zwischendurch

Das gibt es nur in New Orleans 10
Kulinarisches New Orleans 20
Smoker's Guide. 26
Audubon Nature Institute 34
The Great Deluge – eine Stadt und ihr Kampf gegen die Fluten 44
Satchmo – Louis Armstrong. 54
Orientierung. 58
Gentlemen Pirates 65
Cities of the Dead 66
Voodoo – fauler Zauber oder was? . . 70
Die Ära der „Paddlewheeler" 76
A Streetcar named Desire 78
Who Dat? 83
Karneval – Throw me something, Mister! . . . 84
Lakeview/Lake Pontchartrain. 91
„Lâche pas la patate" – Besuch im Cajun Country. 96
Tabasco – Hot Stuff 100
New Orleans preiswert 108
Unsere Literaturtipps. 110
Southern Drawl 119

Praktische Reisetipps 101

An- und Rückreise 102
Autofahren 103
Barrierefreies Reisen 104
Diplomatische Vertretungen 104
Ein- und Ausreisebestimmungen 105
Elektrizität 106
Geldfragen 107
Informationsquellen 108
Internet 111
Maße und Gewichte 112
Medizinische Versorgung 113
Mit Kindern unterwegs 113
Notfälle 114
Öffnungszeiten 115
Post 115
Schwule und Lesben 115
Sicherheit 117
Sport und Erholung 118

Benutzungshinweise

City-Faltplan

Die im Buch beschriebenen Örtlichkeiten wie Sehenswürdigkeiten, Restaurants, Hotels, Cafés usw. sind im Kartenmaterial mit Symbol und Nummer eingetragen.

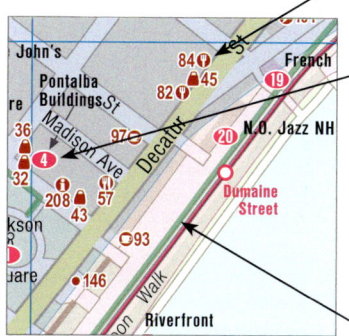

Ortsmarken ohne Angabe des Planquadrats liegen außerhalb des im Buch abgebildeten Kartenmaterials. Sie können aber wie alle Örtlichkeiten in unseren speziell aufbereiteten Internet-Karten lokalisiert werden (siehe hintere Umschlagklappe).

Abkürzungen

Abgesehen von den bekannten Abkürzungen für Tage, Monate etc. wurden folgende verwendet:
> E – East, W – West, N – North, S – South
> St. – Street
> Rd. – Road
> Sq. – Square
> Ave. – Avenue
> bei Adressangaben:
> „/" für „Ecke"
> „–" für „zwischen"

Orientierungssystem

Zur schnelleren Orientierung tragen alle Hauptsehenswürdigkeiten und Lokalitäten die gleiche Nummer sowohl im Text als auch im Kartenmaterial:

 84 Mit Symbol und fortlaufender Nummer werden die sonstigen Lokalitäten wie Cafés, Geschäfte, Hotels, Infostellen usw. gekennzeichnet.

❹ Die Hauptsehenswürdigkeiten werden im Abschnitt „New Orleans entdecken" beschrieben und mit einer fortlaufenden magentafarbenen Nummer gekennzeichnet, die auch im Kartenmaterial eingetragen ist.

Stehen die Nummern im Fließtext, verweisen sie auf die jeweilige Beschreibung der Sehenswürdigkeit im Kapitel „New Orleans entdecken".

> Die grüne Linie markiert den Verlauf des Stadtspaziergangs (s. S. 14).

[F4] Die Angabe in eckigen Klammern verweist auf das Planquadrat im Kartenmaterial, in diesem Beispiel auf das Planquadrat F4.

Bewertung der Sehenswürdigkeiten

★★★ auf keinen Fall verpassen
★★ besonders sehenswert
★ wichtige Sehenswürdigkeit für speziell interessierte Besucher

Die Autoren

Margit Brinke und **Peter Kränzle** sind promovierte Archäologen, die sich 1995 als Journalisten und Buchautoren selbstständig gemacht haben. Seither konnten sie sich allein durch über 70 Buchpublikationen einen Namen im Reise- und Sportjournalismus machen. Im Reise Know-How Verlag liegen bereits die CityGuides „New York", „San Francisco" und „Chicago" sowie der Reiseführer „Kreta" vor, außerdem die CityTrips „Athen", „Basel", „Genf", „New York", „Salzburg", „Toronto" und „Los Angeles".

Dem speziellen Charme von New Orleans erlagen die Autoren schon 1990 bei ihrem ersten Aufenthalt. Seitdem sind sie regelmäßig dort und selbst der Hurricane Katrina im Jahr 2005 konnte ihrer Begeisterung keinen Abbruch tun. Es war beeindruckend, zu beobachten, wie sich die Stadt und ihre Bewohner nicht unterkriegen ließen und man sich mit viel Energie und Lebenslust wieder aufrappelte.

Bildnachweis

Die Kürzel an den Abbildungen stehen für folgende Fotografen, Firmen und Einrichtungen. Wir bedanken uns für die freundliche Abdruckgenehmigung.

Cover	fotolia.com/ogolne
CNT	Creole Nature Trail
dy	Donna Young/New Orleans Convention and Visitors Bureau (NOCVB)
ja	Jeff Anding/NOCVB
mb	Margit Brinke
pg	Pat Garin/NOCVB

Schreiben Sie uns

Dieser CityTrip-Band ist gespickt mit Adressen, Preisen, Tipps und Infos. Nur vor Ort kann überprüft werden, was noch stimmt, was sich verändert hat, ob Preise gestiegen oder gefallen sind, ob ein Hotel, ein Restaurant immer noch empfehlenswert ist oder nicht mehr usw. Unsere Autoren sind zwar stetig unterwegs und erstellen alle zwei Jahre eine komplette Aktualisierung, aber auf die Mithilfe von Reisenden können sie nicht verzichten.

Darum: Schreiben Sie uns, was sich geändert hat, was besser sein könnte, was gestrichen bzw. ergänzt werden soll. Wenn sich die Infos direkt auf das Buch beziehen, würde die Seitenangabe uns die Arbeit sehr erleichtern. Gut verwertbare Informationen belohnt der Verlag mit einem Sprechführer Ihrer Wahl aus der über 220 Bände umfassenden Reihe „Kauderwelsch".

Bitte schreiben Sie an:
Reise Know-How Verlag Peter Rump GmbH, Postfach 140666, D-33626 Bielefeld, oder per E-Mail an: info@reise-know-how.de

Danke!

Latest News
Unter **www.reise-know-how.de** werden regelmäßig aktuelle Ergänzungen und Änderungen der Autoren und Leser zum vorliegenden Buch bereitgestellt. Sie sind auf der Produktseite dieses CityTrip-Titels abrufbar.

Margit Brinke, Peter Kränzle

CITY|TRIP
NEW ORLEANS

NICHT VERPASSEN!

3 **Cabildo und Presbytère [E4]**
Die beiden historischen Bauten repräsentierten in spanischer Zeit Regierung und Kirche und beherbergen heute sehenswerte Ausstellungen des Louisiana State Museum (s. S. 61).

9 **St. Louis Cemetery No. 1 [C4]**
Die Friedhöfe verkörpern den skurril-morbiden Charakter von New Orleans. Unter den vielen Totenstädten mit ihren architektonisch beeindruckenden Grabmonumenten ist der St. Louis Cemetery No. 1 die stadtnächste und älteste (s. S. 64).

14 **Royal Street [F3]**
Historische Bausubstanz und prächtige Balkone machen das French Quarter aus. Während die Bourbon Street im Zeichen von Touristen und Kneipen steht, zeigt die Royal Street das spanisch-französische Erbe der Stadt (s. S. 71).

19 **French Market [F4]**
In den und um die historischen Markthallen am Mississippi pulsiert das Leben: Neben Lokalen wie dem legendären Café du Monde locken Läden, Stände und Gratiskonzerte die Besucher (s. S. 74).

29 **Blaine Kern's Mardi Gras World [fm]**
Auch wer während Mardi Gras nicht in der Stadt weilt, versteht nach einem Besuch bei Blaine Kern's die Begeisterung für den Fasching (s. S. 82).

31 **Garden District [dm]**
Das im Laufe des 19. Jh. entstandene Wohnviertel der reichen amerikanischen Oberschicht in Uptown mit seinen baumbestandenen Alleen und von großzügigen Gartenanlagen umgebenen Villen verkörpert Südstaatenidylle à la „Vom Winde verweht" (s. S. 86).

33 **New Orleans Museum of Art/ City Park [ci]**
Das mehr als 100 Jahre alte Kunstmuseum am Rand des ausgedehnten City Park gibt in einem prächtigen, tempelartigen Bau einen gelungenen Überblick über die Kunst verschiedener Epochen und Erdteile. Dazu gehört ein schöner Skulpturengarten (s. S. 89).

41 **„Queen City" New Iberia**
Ein Besuch in den Sümpfen im Westen der Stadt, der Heimat der Cajuns, gleicht einer Reise in eine andere Welt. Beschauliches, aber sehenswertes Zentrum ist die Kleinstadt New Iberia am Bayou Teche (s. S. 99).

Leichte Orientierung mit dem cleveren Nummernsystem
Die Sehenswürdigkeiten der Stadt sind zum schnellen Auffinden mit **fortlaufenden Nummern** versehen. Diese verweisen auf die ausführliche Beschreibung **im Kapitel „New Orleans entdecken"** und zeigen auch die genaue Lage **im Stadtplan**.

Impressum

Margit Brinke, Peter Kränzle
CityTrip New Orleans

erschienen im
REISE KNOW-HOW Verlag Peter Rump GmbH,
Osnabrücker Str. 79, 33649 Bielefeld

© Peter Rump
1. Auflage 2012

Alle Rechte vorbehalten.

ISBN 978-3-8317-2105-4
PRINTED IN GERMANY

Herausgeber und Gestaltungskonzept:
   Klaus Werner
Lektorat: amundo media GmbH
Layout: Günter Pawlak (Umschlag),
   Anna Medvedev (Inhalt)
Fotos: siehe Bildnachweis S. 6
Karten: Ingenieurbüro B. Spachmüller,
   amundo media GmbH
Druck und Bindung:
   Himmer AG, Augsburg

Dieses Buch ist erhältlich in jeder Buchhandlung Deutschlands, der Schweiz, Österreichs, Belgiens und der Niederlande. Bitte informieren Sie Ihren Buchhändler über folgende Bezugsadressen:
   Deutschland: Prolit GmbH, Postfach 9, D-35461 Fernwald (Annerod)
   sowie alle Barsortimente
   Schweiz: AVA Verlagsauslieferung AG, Postfach 27, CH-8910 Affoltern
   Österreich: Mohr Morawa Buchvertrieb GmbH, Sulzengasse 2, A-1230 Wien
   Niederlande, Belgien: Willems Adventure, www.willemsadventure.nl

Wer im Buchhandel trotzdem kein Glück hat, bekommt unsere Bücher auch über unseren Büchershop im Internet:
www.reise-know-how.de

Alle Informationen in diesem Buch sind von den Autoren mit größter Sorgfalt gesammelt und vom Lektorat des Verlages gewissenhaft bearbeitet und überprüft worden. Da inhaltliche und sachliche Fehler nicht ausgeschlossen werden können, erklärt der Verlag, dass alle Angaben im Sinne der Produkthaftung ohne Garantie erfolgen und dass Verlag wie Autoren keinerlei Verantwortung und Haftung für inhaltliche und sachliche Fehler übernehmen.
Die Nennung von Firmen und ihren Produkten und ihre Reihenfolge sind als Beispiel ohne Wertung gegenüber anderen anzusehen.
Qualitäts- und Quantitätsangaben sind rein subjektive Einschätzungen der Autoren und dienen keinesfalls der Bewerbung von Firmen oder Produkten.
Wir freuen uns über Kritik, Kommentare und Verbesserungsvorschläge:
info@reise-know-how.de

www.reise-know-how.de

- Ergänzungen nach Redaktionsschluss
- kostenlose Zusatzinfos und Downloads
- das komplette Verlagsprogramm
- aktuelle Erscheinungstermine
- Newsletter abonnieren

Verlagsshop mit Sonderangeboten

Auf ins Vergnügen

Auf ins Vergnügen
Kurztrip nach New Orleans

„The Big Easy" – New Orleans trägt seinen Spitznamen nicht zu Unrecht, denn in „N'Awlins" läuft das Leben nach anderen Regeln. In dieser katholischen Enklave im protestantischen Süden stehen den über 700 Kirchen und 40 Friedhöfen rund 4000 Bars und Lokale gegenüber und Welten treffen aufeinander: Spuk und Vampire, altehrwürdige Traditionen und Skurrilität, Creoles und Cajuns, Alte-Welt-Flair und Moderne, Dolce Vita und Endzeitstimmung, Haute Cuisine und einfache „Po-boys" (s. S. 20). New Orleans ist alles andere als eine gewöhnliche US-Metropole, lässt im liebenswerten Verfall und Chaos, in Dekadenz und Ignoranz bezüglich aller Konventionen jeglichen Perfektionismus vermissen und gleicht, was das Flair angeht, eher Städten in der Karibik, in Lateinamerika oder Südeuropa.

Kurztrip nach New Orleans

Die meisten Besucher kommen im Rahmen einer längeren Rundreise nach New Orleans. Oft ist die Metropole nur ein Stopp auf dem Weg durch den tiefen Süden bzw. nach Florida. Zugegeben, man kann New Orleans an ein oder zwei Tagen erkunden, da der Stadtkern überschaubar ist. Um die Stadt jedoch richtig kennenzulernen, sollte man mindestens drei Tage einplanen. Dann bleibt genügend Zeit für die wichtigsten Viertel, für eine Bootsfahrt auf dem Mississippi, einen Friedhofsbesuch und für das sehenswerte Kunstmuseum im City Park. Die Hauptattraktionen und -viertel sind überwiegend mühelos zu Fuß oder mit dem öffentlichen Nahverkehr zu erreichen. Letzterer erfordert allerdings Zeit, denn eines wird der Besucher schnell lernen: In New Orleans gehen die Uhren langsamer ...

1. Tag:
French Quarter und Riverfront

Der erste Besuchstag gehört dem Vieux Carré, dem historischen French Quarter mit der sich zum Mississippi hin anschließenden Riverfront. Hier finden sich Attraktionen, Museen und historische Häuser und es gibt Gelegenheit zum Bummeln, Ruheplätze, Cafés und Lokale in Hülle und Fülle.

Vormittags

Der erste Tag in New Orleans beginnt „stilecht" mit einem Frühstück im **Café Du Monde** (s. S. 26) – günstig am Jackson Square, dem Ausgangspunkt für den Bummel durchs **French Quarter,** gelegen. Erster Besichtigungspunkt ist der Platz mit den umliegenden Bauten, darunter **St. Louis Cathedral** ❷, **Cabildo** und **Presbytère** ❸ mit dem **Louisiana State Museum**. Danach lässt man sich durch die Straßen des French Quarter treiben. Als Alternative bietet sich auch der auf Seite 14 beschriebene **Stadtspaziergang** an.

Mittags und nachmittags

Zur Mittagspause bietet sich ein Imbiss im **French Market** ⓭ oder eine *Muffuletta* in der **Central Groce-**

◀ *Vorseite: Marching Bands machen das Stadtbild von New Orleans bunt und lebendig*

Auf ins Vergnügen
Kurztrip nach New Orleans

ry (s. S. 25) an. Entlang der Riverfront am Mississippi wartet dann als Highlight das **Audubon Aquarium of the Americas** (s. S. 33). Gelegenheit zum Shoppen gibt es ebenfalls: z. B. in der **Jax Brewery** (s. S. 16) oder im **Riverwalk Shopping Center** (s. S. 16).

Abends und nachts

Am Abend geht es ins Getümmel um die Bourbon Street ❽ mit Bars, günstigem Bier, Straßenbands und Shops. Musikfreunde sind besser in den legendären **Klubs** in Faubourg-Marigny aufgehoben, v. a. an der Frenchmen Street, z. B. im **Snug Harbor** (s. S. 30) oder im **Blue Nile** (s. S. 29).

2. Tag: CBD und Garden District

Der zweite Besuchstag beginnt im pulsierenden Geschäftszentrum, dem **Central Business District (CBD)**, und im alten Industrieviertel, dem **Warehouse District (WHD)** ㉓, ehe man nachmittags in eine andere Welt, den **Garden District** ㉛, eintaucht. Dieser war ursprünglich das Wohnviertel der reichen Amerikaner und bietet entsprechend prächtige Architektur.

Vormittags und mittags

Zum Frühstück gibt es zur Abwechslung typische Südstaatenkost bei **Mother's** (s. S. 25), z. B. Schinken *(baked ham)* und *biscuits*. Anschließend spaziert man durch den **CBD** mit der Canal Street ㉒ als Hauptachse, an der das **Audubon Insectarium**

▲ *Am Jackson Square* ❶
schlägt das Herz der Stadt

Das gibt es nur in New Orleans

› *Beignets, Pralines, Gumbo, Jambalaya, Muffulettas, Po-boys* – die Bewohner der Vielvölkerstadt New Orleans sind Feinschmecker und das Angebot an Spezialitäten ist ebenso vielseitig wie das Bevölkerungsgemisch (s. S. 20).

› *Musik* spielt in der Mississippi-Metropole immer und überall eine Rolle. An jeder Straßenecke stehen Musiker, in jeder Bar spielen Bands.

› *„Laissez Les Bons Temps Rouler!"* ist das Lebensmotto. Wo sonst genießt man gebeutelt von Katastrophen und Korruption das Leben mit so viel Freude, Gelassenheit und Humor?

› Keine Stadt in den USA bietet zwei so verschiedene Gesichter: das spanisch-französische **French Quarter** (s. S. 59) und den „amerikanischen" **Garden District** ㉛ mit Südstaatenflair à la „Gone with the Wind".

› Das schätzen viele Amerikaner an New Orleans: In keiner anderen Stadt der USA (Las Vegas ausgenommen) darf man sonst öffentlich **Alkohol** trinken.

› Die riesigen **Totenstädte** mit ihren besonderen Bestattungssitten und Grabmälern sind einzigartig (s. S. 66).

› Während des **Mardi Gras** (Karneval) herrscht in New Orleans absoluter Ausnahmezustand (s. S. 84).

(s. S. 33) zum Besuch einlädt. Im **Warehouse District** ㉓ stehen dann sehenswerte Museen wie das **Ogden Museum of Southern Art** ㉕ oder das **National World War II Museum** ㉔ – Letzteres mit empfehlenswertem Restaurant – zur Auswahl.

Nachmittags und abends

Mit der St. Charles Streetcar geht es vom CBD in den **Garden District** ㉛. Hier lernt man auf einem Spaziergang das andere Gesicht der Mississippi-Metropole, das „Südstaatenflair", kennen. Der Bummel könnte an der **Magazine Street** ㉚ enden, wo sich nordwärts außergewöhnliche Shops und Boutiquen zum Bummel und Cafés und Lokale fürs leibliche Wohl aufreihen. Man könnte den Tag z. B. beim Dinner im Gott Gourmet Café (s. S. 27) oder im Upperline (s. S. 24) ausklingen lassen. Zurück im French Quarter gibt es dann in der Carousel Bar (s. S. 28) im Hotel Monteleone einen Absackerdrink.

3. Tag: Kunst, Friedhöfe und der Mississippi

Am dritten Besuchstag steht die Umgebung der Stadt im Mittelpunkt, dazu Blaine Kern's Mardi Gras World und eine Mississippi-Rundfahrt mit dem Schaufelraddampfer.

Vormittags und mittags

Nach dem Frühstück, zum Beispiel im **Royal Blend Coffee & Tea House** (s. S. 27), geht es mit der Canal Streetcar in den Norden der Stadt, in den **City Park** ㉝. Hier wartet unter anderem das sehenswerte **New Orleans Museum of Art** auf Besucher. Für einen Snack lohnt das Museumscafé. Alternativ könnte man für den Vormittag **Blaine Kern's Mardi Gras World** ㉙ einplanen.

Nachmittags und abends

Vor oder nach einer **Schiffsrundfahrt** mit der Natchez oder der Creole Queen (s. S. 122) lohnt ein Friedhofsbummel. Am nächsten zum French Quarter gelegen, gibt der **St. Louis Cemetery No. 1** ❾ (geöffnet bis 15 Uhr) einen guten Eindruck von einer Totenstadt. Wer das **New Orleans Museum of Art** ㉝ oder **Blaine Kern's** ㉙ noch nicht gesehen hat, könnte das vor 17 Uhr noch nachholen. Abends bietet sich die letzte Gelegenheit, in einem der Klubs die Musikszene der Stadt zu erleben.

Wer mehr Zeit hat ...

Auf der Weiterreise oder als eigener Abstecher würde sich die Besichtigung des einen oder anderen Plantagenhauses lohnen, die sich zwischen New Orleans und Baton Rouge am Mississippi entlang der **Plantation Road** ㊳ aufreihen. Auch **Baton Rouge** ㊴ ist einen Abstecher wert, erst recht aber das Umland von New Orleans: das sich westlich bis nach Texas hinein ausbreitende **Cajun Country** mit sehenswerten Orten wie **New Iberia** ㊶ oder **Lafayette** ㊵.

Zur richtigen Zeit am richtigen Ort

Feiern und Feste – in New Orleans gibt es zum Feiern so gut wie immer einen Grund. Einige Veranstaltungen wie Mardi Gras, das Jazz & Heritage Festival oder das Essence Music Festival ragen jedoch heraus. Wegen des dann anstehenden touristischen Ansturms – aber auch sonst – ist es planungstechnisch nützlich zu wissen, was, wann, wo los ist.

Frühjahr

› Anfang Januar: **Sugar Bowl.** Eines der Top-College-Football-Endspiele im Superdome, das seit 1935 ausgetragen wird (www.nokiasugarbowl.com).

› 6. Januar bis Faschingsdienstag: **Mardi Gras,** www.mardigrasguide.com. Paraden schwerpunktmäßig ab dem vorletzten Freitag vor dem Faschingsdienstag. Die größten Umzüge finden am Rosenmontag und am „Fat Tuesday" statt.

› Ende März: **Tennessee Williams/New Orleans Literary Festival.** Theatervorführungen, Vorlesungen, literarische Stadtführungen, Musikdarbietungen u. a. in Erinnerung an den berühmten Literaten (www.tennesseewilliams.net).

› Ende März/Anfang April: **New Orleans Spring Fiesta,** www.springfiesta.com. An zwei Wochenenden gibt es Touren durch Stadtviertel und private, sonst unzugängliche Häuser und Gärten. Vorstellung einer Frühjahrskönigin mit Hofstaat am Jackson Square und Parade durch das French Quarter.

› 2. Aprilwochenende: **French Quarter Festival,** www.fqfi.org/frenchquarterfest. Musiker verschiedener Genres (Cajun, Zydeco, Gospel, Rhythm and Blues) treten auf mehreren Bühnen im French

---

EXTRAINFO

Aktuelle Termine

Über aktuelle Musik- und andere Veranstaltungen geben die Freitagsausgabe der Tageszeitung **Times-Picayune** sowie die Wochenmagazine **Gambit** oder **Off Beat** Auskunft. Im Internet findet man Veranstaltungshinweise unter:

› www.nawlins.com
› http://new.orleans.eventguide.com
› www.louisianatravel.de („Festivals")

Auf ins Vergnügen
Zur richtigen Zeit am richtigen Ort

Quarter und an der Riverfront auf, dazu Essensstände mit lokalen Spezialitäten.

› Letztes Wochenende im April (Fr.–So.) und 1. Maiwochenende (Do.–So.): **New Orleans Jazz & Heritage Festival,** www.nojazzfest.com. 1970 trafen sich auf dem Congo Square erstmals 300 Musiker, heute zählt das Fest zu den Topevents. Auf mehreren Bühnen auf dem Fair Grounds Race Course wird von traditionellem bis zeitgenössischem Jazz, Blues und R&B über Gospel, Cajun, Zydeco, Afro-Caribbean, Folk, Latin, Rock und Rap bis hin zu Country, Bluegrass und Brass Bands viel geboten. Dazu gibt es Imbissbuden und Kunsthandwerksstände.

Sommer

› Ende Mai: **New Orleans Wine & Food Experience,** www.nowfe.com. Fünftägiges Feinschmeckerfestival mit *tastings* in Shops, Restaurants und anderen Veranstaltungen.
› Mitte Juni: **Louisiana Seafood Festival** (www.louisianaseafoodfestival.org), **Louisiana Cajun-Zydeco Festival** (www.jazzandheritage.org/cajun-zydeco), **Creole Tomato Festival** (www.frenchmarket.org). Musik, Unterhaltung, Essen, Trinken.
› 4. Juli (Unabhängigkeitstag): **Go Fourth on the River,** www.go4thontheriver.com. Musik, Veranstaltungen und Feuerwerk über dem Mississippi.
› Anfang Juli: **ESSENCE Music Festival,** www.essence.com. Großes, dreitägiges, afroamerikanisches Musikfestival im Louisiana Superdome. Jazz und Blues, am Abend Konzerte, tagsüber Seminare u. a. Veranstaltungen.
› Anfang August: **Satchmo SummerFest,** www.fqfi.org/satchmosummerfest. Mehrtägiges Musikfestival zu Ehren Louis Armstrongs mit hochkarätigen Bands, Ausstellungen, Workshops, Jazzmesse, Parade und kulinarischem Angebot vor/in der Old U.S. Mint, im Armstrong Park und im French Quarter. Größtenteils gratis.
› Labor Day Weekend (Anf. Sept.): **Southern Decadence Festival,** www.southerndecadence.com. „The Gay Mardi Gras" – mehrtägiges Schwulenfest mit Musik- und Kulturveranstaltungen.

Auf ins Vergnügen
New Orleans für Citybummler

Herbst und Winter

- Anfang/Mitte Oktober: **New Orleans Film Festival,** http://neworleansfilmsociety.org/. Filme u. a. in den Landmark Theatres at Canal Place, im Contemporary Arts Center, Prytania Theatre, Entergy IMAX Theatre und im Aquarium.
- Mitte Okt.: **Crescent City Blues & BBQ Festival,** www.jazzandheritage.org/blues-fest. Im Lafayette Square Park (CBD) gibt es drei Tage lang Gratiskonzerte lokaler und internationaler Blues- und R&B-Musiker.
- Ende Oktober: **Voodoo Music Experience,** http://thevoodooexperience.com. Ein Wochenende Hip-Hop und Rock, hochklassige Bands, Essen und Kunsthandwerk im City Park.
- 1. Novemberwochenende: **Louisiana Swamp Festival** im Audubon Zoo, www.auduboninstitute.org. Cajun-Fest mit Vorführungen, Paraden, Verkaufs- und Essensständen sowie Musik auf drei Bühnen (Cajun, Zydeco, Blues u. a.).
- Thanksgiving (letzter Do. im November): **Bayou Classic,** www.mybayouclassic.com. Das „Lokalderby" zwischen den beiden Footballteams der schwarzen Unis Grambling und Southern University findet seit den 1970er-Jahren im Superdome statt.
- November: **New Orleans Po-boy Preservation Festival,** www.poboyfest.com. Partystimmung in der Oak Street mit Po-boy-Verkostung, Musik auf mehreren Bühnen und Verkaufsständen.
- Ende November–Anfang Januar: **Celebration in the Oaks** (www.celebrationintheoaks.com) und andere vorweihnachtliche Events (www.neworleansonline.com/christmas).
- Anfang Dezember: **New Orleans Bowl,** www.neworleansbowl.org. Seit 2001 wird dieses sportlich weniger bedeutende, aber beliebte College-Football-Endspiel im Superdome ausgetragen.

Feiertage und Ferien

In den USA gibt es wegen der geringen Zahl an Feiertagen die Gepflogenheit, diese auf einen Montag oder Freitag zu legen. Die Feriensaison dauert von Memorial bis Labor Day.

- 1. Januar: **New Year's Day**
- 3. Montag im Januar: **Martin Luther King's Birthday**
- 3. Montag im Februar: **President's Day** (Washington's Birthday)
- Ende März/Anfang April: **Easter Sunday** (Ostersonntag)
- Letzter Montag im Mai: **Memorial Day**
- 4. Juli: **Independence Day**
- 1. Montag im September: **Labor Day**
- 2. Montag im Oktober: **Columbus Day**
- 31. Oktober: **Halloween** (kein offizieller Feiertag)
- 11. November: **Veterans' Day**
- 4. Donnerstag im November: **Thanksgiving Day**
- 25. Dezember: **Christmas Day**

New Orleans für Citybummler

„In the spring of 1988, I returned to New Orleans, and as soon as I smelled the air, I knew I was home (...). I walked the streets, savoring that long lost perfume." Wer durch die Gassen des French Quarter bummelt – New Orleans gehört zu den US-Metropolen, die man gut auf Spaziergängen erkunden kann – wird schnell verstehen, was der Vampir Louis im Roman „Interview With the Vampire" von Anne Rice meint.

◀ *Während Mardi Gras herrscht Ausnahmezustand*

Auf ins Vergnügen
New Orleans für Citybummler

Routenverlauf im Stadtplan
Der hier beschriebene **Spaziergang** ist mit einer farbigen Linie im Stadtplan eingezeichnet.

Idealer Ausgangspunkt für einen **Bummel durch die Altstadt** von New Orleans, das **French Quarter** oder Vieux Carré, ist der zentrale **Jackson Square** ❶. Dominiert wird der Platz von der **St. Louis Cathedral** ❷, die wiederum von **Cabildo** ❸ – ehemals Regierungssitz des spanischen Gouverneurs – und **Presbytère** ❸ – früher Sitz der katholischen Diözese – gerahmt wird, die beide Teile des sehenswerten **Louisiana State Museums** beherbergen. Im Osten und Westen wird der Jackson Square von den **Pontalba Buildings** ❹ flankiert – das **1850 House** im Lower Pontalba Building gibt Besuchern Einblick in diese historischen Wohnbauten.

Vom Jackson Square aus schlendert man auf der Chartres St. vorbei am **New Orleans Pharmacy Museum** ❺ und **Napoleon House** ❻ flussaufwärts bis zur St. Louis St. und wendet sich hier nach rechts. Der St. Louis St. folgend kreuzt man die **Royal** und die **Bourbon Street** ❽, die zentralen Achsen der Altstadt, ehe man weiter nordwärts den berühmten **St. Louis Cemetery No. 1** ❾ erreicht, der zentralsten der berühmten „Cities of the Dead". Nach Besichtigung des Friedhofs geht es vorbei am **Louis Armstrong Park** in das afroamerikanische Viertel **Faubourg Tremé** ❿ mit dem **New Orleans African American Museum** (s. S. 35), das afroamerikanische Kunstwerke aller Genres zeigt, ehe man schließlich den Ostteil des French Quarters erkundet. Hier präsentiert sich die Altstadt nicht nur ruhiger und idyllischer, sondern mit interessanten Bauten wie dem **Hermann-Grima House** ⓫, **Madame John's Legacy** ⓭, dem **Gallier House** ⓯ oder dem **Old Ursuline Convent** ⓰ auch sehenswerter, was Architektur und kunstvoll geschmiedete Balkone angeht.

Vorbei am **French Market** ⓳, einem der pulsierenden Zentren der Altstadt mit Gastronomie und Läden, kleinen Parkanlagen und Straßenmusik, und dem **New Orleans Jazz NHP** ⓴ kann man schließlich am **Mississippi** den Trubel in der Altstadt angesichts des scheinbar träge dahinfließenden „Ol' Man River" für einen Augenblick vergessen und den Altstadtrundgang am hier gelegenen **Aquarium of the Americas** (s. S. 33) ausklingen lassen.

> **EXTRATIPP**
> **Für Shoppingfans**
> Zum Bummeln lohnt auch der zentrale **Garden District** ㉛, den man am besten mit einer Einkaufstour an der attraktiven, aber wenig bekannten Shoppingmeile, der **Magazine Street** ㉚, kombiniert. Hier reihen sich ausgefallene Läden, Boutiquen, Cafés und Lokale bunt aneinander.

◀ *Kunstvoll geschmiedete Balkone im Vieux Carré (s. S. 59), der Altstadt*

New Orleans für Kauflustige

New Orleans hat einkaufstechnisch von großen Einkaufszentren und Bekleidungsgeschäften und kleinen, ausgefallenen Boutiquen mit Accessoires, Schmuck oder Schnickschnack über Shops und Galerien mit Antiquitäten, Bildern oder Buchraritäten bis hin zu Märkten und Läden mit kulinarischen Spezialitäten und Souvenirs aller Art, z. B. den beliebten Mardi-Gras-Ketten, von allem etwas zu bieten.

Einkaufsregionen

Für Shoppingfans ist das gesamte **French Quarter** (http://frenchquarter.com) lohnend, v. a. die Areale um Jackson Square ❶, French Market ⓵⓽ und Riverfront ⓶⓵ (Shoppingcenter Jax und Riverwalk) bzw. Royal, Bourbon, Chartres [E4] und Decatur Street [F4]. An der **Royal Street** ⓵⓸ reihen sich teure Antiquitäten- und Schmuckläden, Galerien und Antiquariate auf, die meisten davon lange in Familienbesitz. Die **Decatur Street** gibt sich teils „trendy and bohemian" mit ausgefallener Kleidung und Accessoires, teils kitschig mit Souvenirs und T-Shirts (besonders um den Jackson Sq.). Angebotsmäßig zwischen den beiden vorher genannten liegt die **Chartres Street**: Schmuckgeschäfte, Boutiquen, Kunstgalerien und auch verrückte Shops sind hier zu finden. Die **Bourbon Street** ❽ gilt als Touristenmeile mit Souvenirshops und Bars.

Der **French Market** (Decatur–N Peters St., www.frenchmarket.org) bietet Souvenirs aller Art, aber auch Spezialitäten wie Soßen, Gewürze oder Süßigkeiten an. Daran schließt sich der **Community Flea Market** (s. S. 18) an.

> **EXTRAINFO**
> **Öffnungszeiten**
> Im Allgemeinen haben die Geschäfte mindestens von 10 bis 17 Uhr geöffnet, vielfach länger und auch sonntags.

Im **Central Business District**, v. a. entlang der Canal Street ⓶⓶, befinden sich größere Einkaufszentren und Kaufhäuser, aber auch „Ramschläden". Ausgefallenes und Künstlerisches gibt es dagegen im **Warehouse District** ⓶⓷, besonders um die Kreuzung Magazine/Julia St. Die **Magazine St.** ⓷⓪ setzt sich weiter in Richtung Garden District und Uptown fort. Noch im Lower Garden District liegt die **Historic Magazine Row** (1800er–2100er-Blocks), im weiteren Verlauf sind speziell die Blocks zwischen etwa Nr. 3000 und 3800 sowie um Whole Foods (Nr. 5400–6100) zum Shopping interessant. Hier finden sich speziell schräge Läden, kleine Cafés und Lokale (die Shoppingtour ist auch etappenweise mit Bus Nr. 11 absolvierbar, www.magazinestreet.com).

> **EXTRAINFO**
> **Louisiana Tax-Free Shopping**
> Die **Sales Tax** (Mehrwertsteuer) liegt in New Orleans derzeit bei 9 %, davon sind 4 % State Tax und 5 % City Tax. Internationale Touristen können die entrichteten Steuern zurückfordern, sofern sie in Läden gekauft haben, die am „Tax Free Shopping"-Programm teilnehmen. Nötig ist die Vorlage des Reisepasses und eines Flugtickets am Flughafen (Tax Free Counter, Upper Level, Mo.–Fr. 8.30–16.30 und Sa./So. 9–13 Uhr).
> ❯ Infos unter: www.louisianataxfree.com/noshoppingcenters.html

Auf ins Vergnügen
New Orleans für Kauflustige

Die wichtigsten Shoppingbereiche der Stadt sind **im Kartenmaterial** mit einer **rötlichen Fläche** markiert.

Einkaufszentren

In der Innenstadt gibt es nur einige, nicht sehr große Shoppingzentren (meist Mo.–Sa. 10–19, teils bis 21, So. 12–18 Uhr) und dafür viele kleine spezialisierte Läden, die jedoch – erst recht, wenn sie nicht „touristisch" orientiert sind – schon um 17 oder 18 Uhr schließen.

- **19** [F4] **French Market.** Verschiedene Hallen über fünf Blocks von Jackson Sq. bis Barracks St. mit Wochenmarkt, Kunsthandwerksständen, Souvenirs, Essen und Trinken.
- **1** [F4] **Jax Brewery – JAX,** 600–520 Decatur/St. Peter St., www.jacksonbrewery.com. Diese Brauerei aus der Jahrhundertwende beherbergt Shops wie Home Team Sportswear, Chico's oder JAX Art Gallery und einen *Food Court* (verschiedene Imbissstände mit gemeinsamem Sitzbereich) mit Blick auf den Fluss.
- **2** [F7] **Riverwalk,** 500 Port of New Orleans Pl., www.riverwalkmarketplace.com. Über 100 Läden wie Simply New Orleans, Crescent City Cooks Shop und The Fudgery, Cafés (u. a. Café Du Monde und Messina's Cajun Cooking), Restaurants, *Food Court* „Bon Fete", Promenade und Infostand mit Touren.
- **3** [dm] **The Rink,** 2727 Prytania St./Washington Ave. (gegenüber Lafayette Cemetery 1). Kleines Einkaufszentrum in historischem Bau von 1884 (Eisbahn), u. a. mit PJ's Coffee & Tea und Garden District Bookshop.
- **4** [E6] **The Shops@Canal Place,** 333 Canal St., www.th,eshopsatcanalplace.com. An die 40 Shops, v. a. Mode (z. B. Brooks Brothers, Banana Republic, Ann Taylor oder das Kaufhaus Saks Fifth Ave.).

Bekleidung, Mode und Accessoires

- **6** [dm] **ah-ha,** 3129 Magazine St. Erschwingliche Trendmode angesagter Designer.
- **7** [bn] **Azby's,** 5531 Magazine St. Damenbekleidung, Accessoires, Schuhe.
- **8** [dn] **Buffalo Exchange,** 3312 Magazine St. Neue und gebrauchte Kleidung.
- **9** [E5] **Extras,** 330 Chartres St. Kunst und Kunsthandwerk sowie Modeaccessoires wie ungewöhnliche Handtaschen.
- **10** [E4] **Hana,** 624 Royal St. Modeboutique mit romantischem Innenhof und ausgefallener Damenmode.
- **11** [E4] **Hemline,** 609 Chartres St, und
- **12** [E3] **Hemline Simplicity by Hemline,** 838 Royal St. Schuhe, Kleidung und Accessoires für Modemutige.
- **13** [E5] **Hoi Polloi Boutique,** 434 Chartres St. Ausgefallene Damenmode, aber v. a. viele Accessoires und Dinge für die Wohnung.
- **14** [D5] **Meyer The Hatter,** 120 St. Charles Ave., www.meyerthehatter.com. Alteingesessener Hutladen mit einzigartiger Auswahl.
- **15** [cn] **Miss Claudia's Vintage Clothing & Costumes,** 4204 Magazine St. Vintage-Kleidung von Hepburn und Bogart bis Beatles und Austin Powers, auch ge-

> **EXTRATIPP**
>
> **Für Schnäppchenjäger**
>
> **5 Tanger Outlet Center,** 2410 Tanger Blvd., I–10 W/Hwy. 30, Exit 177, Gonzales, www.tangeroutlet.com/gonzales. Dieses große, moderne Outletcenter auf halbem Weg zwischen New Orleans und Baton Rouge bietet in rund 60 Shops, u. a. Gap, Kenneth Cole, Guess, Old Navy, Levi's, wahre Schnäppchen.

Auf ins Vergnügen
New Orleans für Kauflustige

braucht, dazu Handtaschen und Accessoires. Auch So. geöffnet.
- 🛍16 [G3] **Powder Room**, 1303 Decatur St. Witzige Damenkleidung mit viel Glitzer und Glamour.
- 🛍17 [D5] **Rubenstein Bros**, 102 St Charles Ave. Herrenkleidung der gehobenen, seriösen Kategorie.
- 🛍18 [bn] **Spring**, 5525 Magazine St. Ungewöhnliche Damenbekleidung und Accessoires sowie Geschenke.
- 🛍19 [E4] **Wise Buys**, 534 Chartres St. Erschwingliche Designermode für Frauen.

Bücher

- 🛍20 [E4] **Arcadian Books & Art Prints**, 714 Orleans Ave. Bücher über lokale Themen, Louisiana und New Orleans.
- 🛍21 [E5] **Beckham's Bookshop**, 228 Decatur St. Auf drei Stockwerken Secondhand- und rare Bücher, im OG klassische Musik (auch seltene Aufnahmen).
- 🛍22 [D5] **Crescent City Books**, 204 Chartres St. Schwerpunktmäßig kulturwissenschaftliche Bücher, Literaturkritik und Monografien.
- 🛍23 [D4] **Dauphine Street Books**, 410 Dauphine St. Vollgestopfter, enger Laden mit gebrauchten und seltenen Büchern.
- 🛍24 [E4] **Faulkner House Books**, 624 Pirate's Alley. Im ehemaligen Faulkner-Wohnhaus gibt es v. a. Raritäten und Erstausgaben, nicht nur von Faulkner.
- 🛍25 [bn] **Octavia Books**, 513 Octavia/Laurel St., auch So. 12–17 Uhr geöffnet. Gemütlicher, gut sortierter Buchladen mit Schwerpunkt auf Lokalem, außerdem vielerlei Events, v. a. Lesungen.

Musik

- 🛍26 [em] **Jim Russell's Records**, 1837 Magazine St. Für Sammler v. a. alter Schallplatten, neu und gebraucht, auch CDs, MCs und Zubehör. Nicht nur Oldies, sondern auch moderne Musikstile.
- 🛍27 [E5] **Louisiana Music Factory**, 210 Decatur St. und kleiner Shop in der Old U.S. Mint, www.louisianamusicfactory.com. Spezialisiert auf regionale Musik: Cajun, Zydeco, Jazz, Blues, R&B und Gospel (auch kleine Labels), dazu Shirts, Poster und Sammlerstücke (LPs) im OG. Samstags Gratiskonzerte lokaler Musiker, „schwarzes Brett" und viele Szenemagazine ausliegend. Auch So. 12–19 Uhr geöffnet. Ein Supertipp!
- 🛍28 [E5] **Peaches Records**, 408 N. Peters St. Musik (Zydeco, Local New Orleans Rap, Blues u. a.), DVDs, Bücher und Café.

Kulinarisches

- 🛍29 [E4] **Bayou Country General Store**, 600 Decatur St. (JAX Brewery), www.bayoucountry.com. Großes Angebot typischer Louisiana-Kochzutaten.
- 🛍30 [E5] **Blackened Redfish Store ® K-Paul's**, 416 Chartres St. Kochbücher und allerlei Zutaten, v. a. die „Magic Seasoning Blends" (Gewürzmischungen) von Chefkoch Paul Prudhomme (www.chefpaul.com/site285.php).
- 🛍31 [F3] **Café Du Monde**, 1039 Decatur St. (French Market) oder 813 Decatur St. Kaffee, Beignet-Backmischungen, Geschenkkörbe und Mitbringsel.

Auf ins Vergnügen
New Orleans für Kauflustige

EXTRATIPP

Märkte

- **38** [G3] **Community Flea Market,** Zugang: Barracks oder Ursulines St., durch den Farmers Market, tgl. 7–19 Uhr
- **39** [D7] **Crescent City Farmers Market Downtown,** 700 Magazin/Girod St., Sa. 8–12 Uhr, www.crescentcityfarmersmarket.org. Auch:
- **40** [dj] **Crescent City Farmers Market südlich City Park,** 3700 Orleans Ave./Bayou St. John, Do. 15–19 Uhr. Wochenmärkte mit lokalen Produkten und Kochvorführungen an verschiedenen Orten der Stadt.
- **41** [am] **Crescent City Farmers Market Uptown,** 200 Broadway St./River, Di. 9–13 Uhr

- **32** [E4] **Creole Delicacies,** 533 St. Ann Street, www.cookingcajun.com. Cajun- und Creole-Spezialitäten, Soßen, Gewürze, Reis, Bohnen u. a.
- **33** [F7] **Crescent City Cooks,** 500 Port of New Orleans Place, im Riverwalk, www.crescentcitycooks.com, Tel. 504 5291600. Großer Shop und Kochkurse (s. S. 122).
- **34** [E5] **New Orleans School of Cooking & Louisiana General Store,** 524 St. Louis Street, auch Internetbestellung: www.neworleansschoolofcooking.com. Kochkurse (s. S. 122) und Laden mit Soßen, Gewürzen, Kochutensilien u. Ä.
- **35** [E4] **Rouses,** 701 Royal/St. Peter St. Kleiner, aber bis 1 Uhr nachts geöffneter Supermarkt im French Quarter. Ideal für Selbstversorger!
- **36** [E4] **Tabasco Country Store,** 537 St. Ann Street, www.neworleanscajunstore.com. Außer der scharfen Würzsoße auch andere Zutaten und Gewürze, dazu vielerlei Tabasco- u. a. Souvenirs.
- **37** [bn] **Whole Foods Market,** 5600 Magazine St. Erstklassig sortierter Bio-Supermarkt mit lokalen Produkten, Feinkost und heißen und kalten Theken für den Imbiss und zum Mitnehmen.

Verschiedenes

- **42** [G3] **Artist's Market & Bead Shop,** 1228 Decatur St. Kunsthandwerk lokaler Künstler, auch Geschenke und *beads* (Ketten), www.artistmarketnola.com.
- **43** [F4] **Friends of the Cabildo Museum Store,** 523 St. Ann Street. Ausgewählte New-Orleans-Souvenirs, Poster, Bücher, Kunsthandwerk.
- **44** [D5] **Gumbo Ya Ya,** 219 Bourbon St. Vielerlei Shirts und Souvenirs, Voodoo-Zubehör, Kochzutaten und Süßigkeiten.
- **45** [F4] **Jazz Funeral,** 929 Decatur St. Ausgefallene Souvenirs und Schnickschnack aller Art von Gewürzen und Soßen bis zu Ketten oder T-Shirts.
- **46** [E5] **Little Shop of Fantasy,** 517 St. Louis Street. Bekannt für handgemachte Karnevalsmasken aller Art, Boas, Schmuck, Perücken u. a. Verrücktes.
- **47** [F7] **Mardi Gras Madness,** im Riverwalk, Level B. Mardi-Gras-Zubehör, v. a. Ketten, aber auch Masken, Münzen, Plüschtiere und Souvenirs.
- **48** [E4] **New Orleans Images,** 713 Toulouse St. Drucke und Poster mit New-Orleans-Motiven aller Art. Ähnlich ist:
- **49** [E4] **Roux Royale,** 600 Royal St./Toulouse St. Küchenzubehör, Kochbücher und sonstiges Kulinarisches, auch Souvenirs.

▶ *Eintöpfe wie Gumbo und Jambalaya sind ein wichtiger Bestandteil der New Orleanser Küche*

Auf ins Vergnügen
New Orleans für Genießer

New Orleans für Genießer

New Orleans ist eine kulinarische Hochburg und stolz auf ihre Creole Cuisine. Louisiana, und speziell das Cajun Country, verfügt jedoch über eine der wenigen wirklich eigenständigen Regionalküchen der USA: die Cajun-Küche. Kennzeichnend für beide Richtungen sind viel Seafood und Fisch (gerne frittiert), daneben Eintöpfe (Gumbo) und Reisgerichte (Jambalaya).

Während man in den 1980er-Jahren noch „Oysters Rockefeller" bei Antoine's oder „Banana Foster" bei Brennan's zelebrierte, zierliche Portionen kreolisch-französischer Küche zu astronomischen Preisen servierte und legendäre Gourmettempel wie Commander's Palace, Galatoire's, Arnaud's, Broussard's, Antoine's lange Wartelisten hatten, zogen die Hungrigen und Sparsamen deftiges *cajun food* – riesige *fried seafood platters, catfish* (Wels), *Po-boys, Gumbo, Jambalaya* und *Etouffé* –, meist mit dicken Einbrennen bzw. Mehlschwitzen *(roux)* als Basis, vor.

In den letzten Jahren gelang jungen, kreativen Köchen die Symbiose der verschiedenen Einflüsse. Eine kreative **„Weltküche"** mit weniger üppigen Ingredienzien und schonenderen, gesünderen Zubereitungsweisen sowie die Verwendung lokal produzierter Lebensmittel wurden forciert. Im Ergebnis kann New Orleans heute mit seinen insgesamt über 1100 Restaurants im Großraum anderen Metropolen kulinarisch durchaus das Wasser reichen.

Kulinarisches New Orleans

Die **Cajun-Küche** steht synonym für „Südlouisiana", für „handfest" und „sättigend", während **Creole** mit „New Orleans" gleichgesetzt wird und als eher „fein" und „französisch angehaucht" gilt. Die Cajuns, Nachkommen vertriebener französischer Hugenotten, lebten in einfachsten Verhältnissen in den Sümpfen Louisianas, arbeiteten hart und aßen deftig. Die Kreolen hingegen stammen von den französischen und spanischen Siedlern Louisianas ab und gehörten eher der begüterten Stadtaristokratie an.

Die Lebensweise spiegelt sich auch in der Küche wider: Man behauptet, Cajun-Gerichte wären rustikaler, schärfer und weniger raffiniert als kreolische, die sich vor allem durch subtile Würze und delikate Soßen auszeichnen. Im Grunde genommen basieren beide Küchen auf der französischen und waren von Anfang an durchsetzt von fremdländischen Einflüssen: afrikanischen (Okra, Melonen), indianischen (Filé, Maisbrot) und spanischen (z. B. Jambalaya als Abkömmling der Paella). Außerdem spielten die Karibik (z. B. Bohnengerichte) und Italien (z. B. Muffulettas) eine Rolle.

Gumbo (westafrikanische Bezeichnung für die Okraschote) ist eines der Nationalgerichte Louisianas und wurde angeblich von französischen Siedlern in wehmütiger Erinnerung an die heimische Bouillabaisse kreiert. Es kann mit Huhn, Wurst, Meeresfrüchten wie Shrimps und Langusten oder auch nur mit Gemüse zubereitet werden. Immer dabei sind aber die „Heilige Dreifaltigkeit" (Zwiebeln, Paprika, Sellerie) und der „Papst" (Knoblauch), außerdem Reis und „roux" (eine dunkle Mehlschwitze), eine Einbrenne mit Filé-Pulver (die getrockneten, pulverisierten Blätter des Sassafrasbaums) oder Okra als Dickungsmittel.

Ähnlich, nur von dickerer Konsistenz, sind **Jambalaya**, zu dem der Reis meist gesondert gereicht wird, oder **Etouffée**, das eher ragoutartig und mit dunkler Soße, oft als Crawfish oder Catfish Etouffée, zubereitet wird. **Bisque** gehört zur selben „Familie", ist aber eine klare Brühe mit obigen Einlagen. **Hopping John** schließlich besteht aus Bohnen und Reis und **Dirty Rice** ist einfach nur ein Resteessen: Reis vermischt mit allem, was übriggeblieben ist, scharf gewürzt.

Bei **Po-boys** („arme Jungen") handelt es sich schließlich um unterschiedlich (meist mit Roastbeef oder Shrimps) belegtes Stangenweißbrot, gerne in Bratensoße getunkt und mit Senf oder Mayo und Salatblättern oder Tomatenscheiben serviert. Ähnlich sind **Muffulettas**, rundes italienisches Weiß-

Hinweise zum Essengehen

› **Essenszeiten:** Mittagessen *(lunch)* wird im Allgemeinen zwischen 12 und 14 Uhr, Abendessen *(dinner)* von circa 18 bis 22 Uhr serviert.
› **Reservierung:** Abends und an Wochenenden sollte man in besseren bzw. beliebten Restaurants einen Tisch reservieren, ansonsten muss man Wartezeiten in Kauf nehmen.
› Nach dem Prinzip **„wait to be seated"** wird einem am Eingang ein eigener Tisch zugewiesen, die Bedienung *(server/waiter)* stellt sich vor und der *busboy* („Hilfskellner") schenkt Wasser ein.

New Orleans für Genießer

brot, das mit dicken Schichten Salami, Schinken, Provolone und - am wichtigsten! - Olivensalat belegt ist. Dieses sättigende Sandwich soll angeblich von der *Central Grocery* (s. S. 25) erfunden worden sein.

Die wahren kulinarischen Perlen der New Orleanser Küche sind aber die heimischen **Fische und Meeresfrüchte:** Wels („catfish"), Pompano und Forelle („trout"), Redfish and Shellfish, Austern („oysters"), Jakobsmuscheln („scallops"), Langusten („crawfish"), Krebse („crabs") und Shrimps. Alles ist dank vieler kreativer Einflüsse zu einer „Weltküche" verschmolzen und hat bewirkt, dass in der heutigen Restaurantszene die traditionelle Zweiteilung Cajun - Creole längst ad acta gelegt wurde.

Als klassische Nachspeisen gelten **Bread Pudding** (Armer Ritter) oder **Bananas Foster** (flambierte Bananen).

Neuigkeiten aus der Szene, Restaurantempfehlungen und Rezepte aus der Times-Picayune finden sich im *Internet* unter www.nola.com (Menüpunkte „Entertainment/Food" bzw. „Dining" - mit Dining Guide). Hilfreich bzw. unterhaltsam sind auch die folgenden Websites:
› www.wherethelocalseat.com/ New-Orleans-Restaurants
› www.neworleansrestaurants.com
› www.gumbopages.com

› Die **Menüzusammensetzung** ist flexibel und Beilagen, Salatdressings und Zubereitungsarten bzw. oft auch Portionsgrößen können meist beliebig ausgewählt werden. Auf den *appetizer* (Vorspeise) folgen das *entrée* (Hauptgericht) und das *dessert* (Nachtisch) oder/und Kaffee. Anschließend bekommt man unaufgefordert die Rechnung, dazu kommt ein **Trinkgeld** *(tip, gratuity)* von ca. 15 %.
› Einpacken von Essensresten *for to go* in ein „**doggy bag**" ist selbst in einem Feinschmeckerrestaurant üblich.

Preiskategorien

Annäherungswert für ein Hauptgericht (Fleisch oder Fisch) mit Beilagen (manchmal auch Salat), ohne Getränk, Trinkgeld und Mehrwertsteuer. Lunch ist meist preiswerter als Dinner.

$	unter $ 10
$$	$ 10-20
$$$	über $ 20

Gastro- und Nightlife-Areale

Bläulich hervorgehobene Bereiche in den Karten kennzeichnen Gebiete mit einem dichten Angebot an Restaurants, Bars, Klubs, Discos etc.

Ausgewählte Restaurants

Sofern bei den folgenden Restauranttipps keine Zeiten angegeben sind, wird täglich **Lunch** und **Dinner** serviert. Wo eine Telefonnummer angegeben ist, kann es sinnvoll sein, zumindest abends und an Wochenenden im Voraus **zu reservieren**.

Haute Cuisine

Die „Gourmettempel" der Stadt sind meist sehr teuer, sehr edel und sehr formell, bieten aber exquisiten Service und hervorragendes Essen.

50 [E4] **Antoine's Restaurant** $$$, 713 St. Louis Street, Tel. 504 5814422. Ältestes Restaurant der Stadt (gegründet 1840), dazu riesig und „museumsartig". Franzö-

Auf ins Vergnügen
New Orleans für Genießer

KURZ & KNAPP

Wer in New Orleans kulinarisch das Sagen hat

Der **Brennan-Clan,** seit einiger Zeit in mehrere Lager gespalten, hat in der Restaurantszene viel zu sagen. Familienmitgliedern gehören mehrere Lokale in New Orleans, so Palace Cafe, Commander's Palace (s. S. 22), Mr. B's Bistro, Dickie Brennan's Steakhouse, Brennan's Restaurant (s. S. 22), Bacco, Red Fish Grill (s. S. 24) oder Heritage Grill.

Paul Prudhomme hat mehrere Kochbücher herausgebracht und betreibt neben K-Paul's Louisiana Kitchen (s. S. 23) auch Läden, die seine eigenen Produkte, v. a. Gewürzmischungen, vermarkten. Er war einer der ersten, der die lokale Küche hoffähig machte und mit lokalen, frischen Zutaten kochte.

Emeril Lagasse (www.emerils.com) begann in Commander's Palace und eröffnete dann Emeril's New Orleans, gefolgt von Emeril's Delmonico (1300 St. Charles Ave.) und NOLA (s. S. 24). Er wurde v. a. durch seine TV-Kochshow in Food Network und durch Kochbücher bekannt und steht für Weltküche mit kreolischem Touch. Ungewöhnlich sind seine Boudin-Wurst und die Vorliebe für lokale Produkte (www.emerilstore.com).

Der neueste Stern am kulinarischen Himmel von New Orleans (u. a. August, s. S. 23, The American Sector, Lüke) heißt **John Besh** (s. S. 110).

51 [D5] **Arnaud's Restaurant** $$$, 813 Bienville St., Tel. 504 5235433, tgl. Dinner und So. Jazzbrunch. Mehrteiliges Lokal im French Quarter mit Jazz Bistro, Main Dining Room und French 75 Bar. Seit 1918 in Familienbesitz (erst der Arnauds, dann der Casbarians) ist das Germaine Cazenave Wells Mardi Gras Museum mit Karnevalskostümen, das Teil des Restaurants ist.

52 [E4] **Brennan's Restaurant** $$$, 417 Royal St., Tel. 504 5259711, tgl. Frühstück und Dinner. Historisches Ambiente in mehreren Gasträumen plus Innenhof. Legendär ist das dreigängige Frühstücksmenü zum Festpreis, außerdem viergängiges Prix-Fixe-Dinner.

53 [D4] **Broussard's** $$$, 819 Conti St., Tel. 504 5813873, tgl. Dinner. 1920 von Joseph Broussard gegründet, seit 1993 in Besitz der deutschen Familie Preuss. 300 Plätze, teils im idyllischen Innenhof (auch Livejazz), formell-vornehm, doch Essen und Hausweine sind hervorragend.

54 [dm] **Commander's Palace** $$$, 1403 Washington Ave., Tel. 504 8998221, Lunch Mo.–Fr., Dinner tgl., Jazzbrunch Sa./So. Brennan-Gourmettempel mit „Kleiderordnung" (keine Jeans, T-Shirts, Shorts). Relativ günstige Mittagsmenüs!

55 [E4] **Court of Two Sisters** $$$, 613 Royal St., Tel. 504 5227261, tgl. 9–15 Uhr Jazzbrunch Buffet und Dinner. Schon Mark Twain besuchte den schönen Innenhof, in dem man Speisen vom riesigen Frühstücksbuffet bei Livejazz genießen kann.

56 [D5] **Galatoire's** $$$, 209 Bourbon St., Tel. 504 5252021, Lunch/Dinner, außer Mo. Seit 1905 von Einheimischen und auch Prominenten besucht. Bekannt für Fischgerichte und Meeresfrüchte.

57 [F4] **Tujague's** $$$, 823 Decatur St., Tel. 504 5258676, nur Dinner. 1856 von Guillaume Tujague, einem Metzger auf dem French Market, gegründetes sisch-kreolische Küche. Hier sollen 1899 die „Oysters Rockefeller" erfunden worden sein. So. 11–14 Uhr Jazzbrunch und empfehlenswertes Dreigang-Lunch-Special für $ 20.

Auf ins Vergnügen
New Orleans für Genießer

französisches Restaurant. Das zweitälteste der Stadt nach Antoine's. Prominente Gäste wie Roosevelt, Truman oder de Gaulle genossen schon Spezialitäten wie Shrimp Remoulade, Beef Brisket oder Chicken Bonne Femme. Gemütliche Atmosphäre und einladende Bar.

Cajun-Küche

58 [E4] **Alex Patout's Louisiana Restaurant** $$$, 720 St. Louis Street, Tel. 504 5257788. Plätze innen und außen, im Bistrostil oder elegant, dazu raffiniertes „real down-home cookin'", z. B. günstiges Crawfish Meal ($ 25), nur Dinner.

59 [D6] **Bon Ton Cafe** $$, 401 Magazine St., Tel. 504 5243386, Mo.–Fr. Lunch/Dinner. Gute Cajun-Küche, z. B. Crawfish Etouffée, Bisque, Shrimp & Oyster Jambalaya, Crawfish und Soft Shell Crabs.

60 [D9] **Cochon** $-$$, 930 Tchoupitoulas St., Tel. 504 5882123, Mo.–Fr. Lunch/D, Sa. nur Dinner. Cajun Cooking der Extraklasse und mit deutschen Reminiszenzen, v. a. bekannt für Wurst und Würste, Boudin und Andouille, aber auch für gute Soßen.

61 [E5] **K-Paul's Louisiana Kitchen** $$$, 416 Chartres St., Tel. 504 5962530, Do.–Sa. Lunch, tgl. außer So. Dinner. Besonders der Lunch lohnt sich, z. B. Po-boys oder Jambalaya, aber auch Pasta oder Salate. Dinner (Seafood- und Fischgerichte!) ist teurer.

EXTRATIPP: COOLinary New Orleans
Während der Aktion COOLinary New Orleans im August bietet eine Reihe von Restaurants täglich mittags oder abends ein **Dreigängemenü** zum günstigen Preis (max. $ 20 bzw. $ 34) an.
> www.nomcvb.com/restaurants/index.cfm

62 [E8] **Mulate's** $$, 201 Julia St., Tel. 504 5221492. Das Cajun-Mekka schlechthin: Gumbos, Catfish und andere Deftigkeiten, dazu jeden Abend Musik und Tanz.

Moderne Louisiana-Küche

63 [E6] **August** $$$, 301 Tchoupitoulas St., Tel. 504 2999777. Mo.–Fr. Dinner, Lunch nur Fr. Kreative französisch-angehauchte Küche von Chefkoch John Besh mit lokalen, frischen Zutaten; lohnendes „5 Course Tasting Menu" für $ 70, auch mit Weinen.

64 [D4] **Bayona** $$$, 430 Dauphine St., Tel. 504 5254455, Mi.–Sa. Lunch, tgl. außer So. Dinner. Susan Spicer kreiert hier in einem alten kreolischen *townhouse* ausgezeichnete mediterran-inspirierte Küche. Günstiger „Saturday Light Lunch" mit drei kleinen Gerichten für $ 25. Tolle Weinkarte!

65 [bn] **Clancy's** $$, 6100 Annunciation St., Tel. 504 8951111, Di.–Fr. Lunch, Mo.–Sa. Dinner. Hier in Uptown werden New-Orleans-Klassiker neu interpretiert und in Bistroatmosphäre serviert; relativ preiswert.

66 [C7] **Herbsaint Bar & Restaurant** $$$, 701 St. Charles Ave., Tel. 504 5244114, Mo.–Fr. Lunch, Mo.–Sa. Dinner. Französisch-amerikanisches Bistro mit Freiplätzen. Bekannt für gute Fleischgerichte und Wurstwaren.

67 [dm] **Joey K's Restaurant** $, 3001 Magazine St., Tel. 504 8910997, tgl. außer So. Lunch/Dinner. Hier essen auch die Einheimischen Hausmacherküche – Eintöpfe, Po-Boys, Catfish und frittiertes Seafood – und trinken Bier und Margaritas.

68 [dn] **Lilette Restaurant** $$$, 3637 Magazine St., Tel. 504 8951636, tgl. außer So./Mo. Lunch/Dinner. Mediterran angehauchte, leichte Gerichte wie Salate, Suppen, Sandwiches, abends fein, überaus kreativ und eher teuer.

Auf ins Vergnügen
New Orleans für Genießer

🍴**69** [cj] **Mandina's** $^{\$-\$\$}$, 3800 Canal St. Preiswerte Tagesgerichte und viel Seafood sowie Italienisches relativ günstig und in unkompliziertem Ambiente.

🍴**70** [C5] **MiLa** $^{\$\$-\$\$\$}$, 817 Common St., Tel. 504 4122580. Schickes Restaurant, in dem eine Mischung verschiedener Südstaatenküchen mit bevorzugt regionalen Farmprodukten – viel Gemüse, Wild und Fisch/Seafood – serviert wird. Cocktails an der Bar und mittags günstiges Dreigangmenü für $ 20!

🍴**71** [E5] **NOLA** $^{\$\$-\$\$\$}$, 534 St. Louis Street, Tel. 504 5226652, Do.–So Lunch, tgl. Dinner. Starkoch Emeril Lagasses modern-unkomplizierte Version lokaler Küche, v. a. mittags erschwinglich.

🍴**72** [cm] **Upperline Restaurant** $^{\$\$}$, 1413 Upperline St., Tel. 504 8919822, Mi.–So. Dinner. Günstiges 3-Gang-Menü, kreativ zubereitete klassische Gerichte, angenehmes Ambiente mit Kunstwerken und Art-déco-Bar.

Fisch- und Meeresfrüchte

🍴**73** [D5] **Acme Oyster House** $^{\$\$}$, 724 Iberville St., Tel. 504 5225973. Seit 1910 gibt es hier Meeresfrüchte in allen Variationen. Preiswert und gut mitten im French Quarter. Preiswerte Po-boys und Mo.–Do. 15–18 Uhr Happy Hour.

🍴**74** [cn] **Casamento's Restaurant** $^{\$-\$\$}$, 4330 Magazine St., Di.–Sa. Lunch, Do.–Sa. Dinner. Austern und andere Meeresfrüchte sowie frittiertes Seafood in kleinen und großen Portionen zu Toppreisen und frisch! Schlicht-gemütlich.

🍴**75** [D5] **Deanie's Seafood** $^{\$-\$\$}$, 841 Iberville St. Preiswertes Seafood und Fisch im French Quarter, günstige Po-boys und Sandwiches in großen Portionen. Di.–Fr. Daily Specials für $ 9,95!

› **Landry's Seafood** (s. S. 25).

🍴**76** [D5] **Red Fish Grill** $^{\$\$-\$\$\$}$, 115 Bourbon St., Tel. 504 5981200, tgl. Lunch/Dinner, mit zugehöriger Oyster Bar. Brennan-Lokal in sehenswertem Design, schick und dennoch gemütlich bei noch moderaten Preisen, v. a. die Lunchmenüs!

Andere Küchen

🍴**77** [F3] **Irene's** $^{\$\$}$, 539 St. Philip/Chartres St., Tel. 504 5298811, nur Dinner. Kleines, gemütliches Neighborhood-Lokal, in dem es italienisch angehauchte Küche zu erschwinglichen Preisen gibt.

🍴**78** [D4] **Jägerhaus** $^{\$\$-\$\$\$}$, 833 Conti St., Tel. 504 5259200. Wer es nicht lassen kann: deutsche Gerichte wie Schnitzel, Sauerbraten, Schweinebraten, aber auch Frühstück.

Auf ins Vergnügen
New Orleans für Genießer

🍴79 [G3] **Louisiana Pizza Kitchen** $-$$, 95 French Market Pl. Pizza- und Pastagerichte, empfehlenswerte Sandwiches und Salate sowie gute Auswahl an Appetizern.

🍴80 [E4] **Rio Mar** $$-$$$, 800 S Peters St., Tel. 504 5253474, Mo.–Fr. Lunch, Mo.–Sa. Dinner. Spanisch-lateinamerikanische Gerichte, Ceviches und Tapas, aber auch Meeresfrüchte und Fisch.

🍴81 [E4] **Sylvaine** $$, 625 Chartres St., Tel. 504 2658123, tgl. Lunch/Dinner. Neues Restaurant in einem alten Kutschenhaus mit Innenhof und Bar. Kreative Weltküche zu erschwinglichen Preisen.

Schnell und einfach

› An verschiedenen Straßenecken findet man **Lucky-Dogs**-Wurststände. Der reguläre Hotdog kostet $ 4,75.

🍴82 [F4] **Central Grocery**, 923 Decatur St. Legendärer italienischer Feinkostladen mit tollen Muffulettas, für die man gerne ansteht. Nur bis zum frühen Abend geöffnet.

🍴83 [dj] **Dooky Chase Restaurant** $, 2301 Orleans Ave. Bekannt für Fried Chicken, Gumbo und ähnlich handfeste Südstaatengerichte zu günstigen Preisen, in Tremé.

🍴84 [F4] **Franks**, 933 Decatur St. Zwei Häuser neben der Central Grocery verkauft Franks ebenfalls Muffulettas und andere Imbissgerichte.

🍴85 [bn] **Guy's Po-boys**, 5257 Magazine St. Winziger Schuppen, in dem v. a. Seafood und empfehlenswerte Po-boys zubereitet werden.

🍴86 [E5] **Johnny's Po-boys,** 511 St. Louis Street, Mo.–Do. 8–15, Fr.–So. 8–16.30 Uhr. Nicht nur Po-boys zum Sattessen,

◀ *Crawfish („Languste")
ist eine Spezialität der Region*

EXTRATIPP
Po-boys der Extraklasse

🍴90 [fi] **Sammys**, 3000 Elysian Fields, www.sammysfood.com. Obwohl etwas ab vom Schuss, gibt es hier die angeblich besten Roastbeef-Po-boys der Stadt (15 cm lang ab $ 4, 25 cm ab $ 6). Auch die Seafood-Version ist nicht zu verachten und das Frühstück ist reichlich und gut (tgl. ab 7 Uhr, Lunch Mo.–Sa. bis mind. 16 Uhr).

EXTRATIPP
Lokale mit Ausblick

› **Café Du Monde** (s. S. 26). Gut, um Leute zu beobachten.
› **Carousel Bar** (s. S. 28). Im Hotel Monteleone befindliche rotierende Bar mit Ausblick.

🍴104 **Landry's Seafood**, 8000 Lakeshore Dr., Tel. 504 2831010. Seafood und Fisch in allen erdenklichen Variationen. Mo.–Fr. 16–19 Uhr Happy Hour mit günstigen Cocktails und Häppchen an der Bar. Schöne Lage am See, v. a. bei Sonnenuntergang!

🍴105 [ci] **Ralph's on the Park** $$$, 900 City Park Ave., Tel. 504 4881000. Taverne aus den 1860er-Jahren am Südrand des City Park mit Blick auf immergrüne Eichen. Lokale New-Orleans-Küche mit frischen Ingredienzien kreativ zubereitet.

auch Daily Specials und Frühstück, alles günstig und in Selbstbedienung.

🍴87 [dn] **Mahony's Po-Boy Shop** $, 3454 Magazine St. Lohnendes Po-boy-Lokal in einem kleinen Wohnhaus mit einigen Tischen im Freien.

🍴88 [D7] **Mother's** $-$$, 401 Poydras St., tgl. 7–22 Uhr. 1938 gegründet und eher rustikal im Caféteria-Stil. Bekannt für Südstaaten-Hausmacherkost in großen Portionen zu günstigen Preisen. Die Amatos bewirteten schon „Ronnie" Reagan und Al Gore mit Po-boys oder „Ferdi Special" (Schinken und Roastbeef) und servieren „the world's best baked ham". Außerdem gibt es Bread Pudding, Gumbo und Jambalaya.

❶89 [E5] **Somethin' else Café** $, 620 Conti St., So.–Mi. 7–22, Do. bis 24 Uhr, Fr./Sa. bis 3 Uhr. Die Devise heißt „Eat like the Locals". Ganztägig Frühstück, außerdem Salate, Sandwiches und Po-boys zu günstigen Preisen. WLAN.

Smoker's Guide

*In New Orleans sind seit 2007 alle **Restaurants** genau wie öffentliche Gebäude und Plätze sowie Verkehrsmittel rauchfrei. 50 % der Hotel- und Motelzimmer müssen ebenfalls als „non-smoking" ausgewiesen sein. Erlaubt ist das Rauchen noch in den zahlreich vertretenen Tabakläden und derzeit auch noch in Bars, z. B.:*

❶*106 [E5] **Black Bull Cigar Company**, 306 Chartres St. Kleiner Zigarrenladen im French Quarter, in dem man rauchen und Kaffee oder Tee trinken kann.*

❶*107 [D8] **Bouche Weinbar**, 840 Tchoupitoulas St. (WHD). Weinbar mit Cigar Lounge, auch gute Speisen.*

❶*108 [E3] **Café Havana**, 842 Royal St. Kaffeebar, Zigarren, Shop, „Museum" und auch am Abend Treff.*

❶*109 [D5] **Cigar Factory New Orleans**, 206 Bourbon St. (Filiale: 415 Decatur St.). Große Zigarrenauswahl aus dem Humidor, auch vor Ort gerollt (www.cigarfactoryneworleans.com). Probieren möglich und Sitzplätze.*

❶*110 [E4] **Crescent City Cigar Shop**, 730 Orleans Ave. Gute Auswahl an Tabakprodukten und Accessoires sowie Sitzgelegenheiten.*

❭ *French 75 Bar, in Arnaud's Restaurant (s. S. 22). Cigar Lounge und Drinks.*

Cafés und Eisläden

Eine Besonderheit von New Orleans sind die Cafés, wobei Community Coffee und PJ's die meisten Filialen aufweisen. Seit dem 19. Jh. einer der Haupt-Kaffeehäfen, ist in New Orleans der größte Pro-Kopf-Kaffeeverbrauch der USA zu verzeichnen. Bekannt und beliebt ist v. a. mit Zichorie (Wegwarte) versetzter Kaffee.

❍91 [bn] **Bee Sweet Cupcakes**, 5706 Magazine St. Große Auswahl an leckeren cupcakes, täglich frisch (tgl. außer So. 11–18 Uhr).

❍92 [D5] **Café Beignet** @@, 334-B Royal St., tgl. 9–15 Uhr. Kleines Café mit Tischen im Freien, nett zum Frühstücken, auch Sandwiches u. a. zum Lunch. Im Music Legend Park (311 Bourbon St.) nur im Freien mit Selbstbedienung.

❍93 [F4] **Café Du Monde**, 800 Decatur St. (French Market). 24 Std. täglich Café au lait und Beignets für rund $ 5, immer voll, immer frisch, auch zum Mitnehmen. Filiale im Shoppingcenter Riverwalk (s. S. 16).

❍94 [E5] **CC's Community Coffee House** @@, 505 Decatur St., tgl. 7–18 Uhr, zahlreiche weitere Filialen über die Stadt verteilt. Kaffee, Tee, Gebäck und Souvenirs.

WLAN-Hotspots
Lokalitäten mit WLAN-Hotspots sind hier mit „@@" gekennzeichnet.

Auf ins Vergnügen
New Orleans für Genießer

- **95** [dm] **Gott Gourmet Café** ᵉᵉ, Magazine St. 3100. Bei Einheimischen beliebtes Café, besonderer Tipp ist das Weekend Breakfast (Sa./So. 8–12 Uhr).
- **96** [E4] **La Divina Café & Gelateria** ᵉᵉ, 621 St. Peter St. Espressi, ausgezeichnetes Eis (Sweet Potato probieren!), aber auch Frühstück und Panini („muffalino").
- **97** [F4] **meltdown**, 508 Dumaine St. Winziger Eisladen mit selbstgemachtem Eis am Stiel in täglich wechselnden, ungewöhnlichen Sorten.
- **98** [D6] **PJ's Coffee & Tea** ᵉᵉ, 135 St. Charles Ave., Filialen in der ganzen Stadt. Erste Cafékette der Stadt mit eigener Rösterei, dazu Sandwiches, Salate und frisches Gebäck.
- **99** [E4] **Royal Blend Coffee & Tea House** ᵉᵉ, 621 Royal St. Gourmetkaffees (Onlineshop: www.royalblendcoffee.com) sowie Frühstück im ruhigen Innenhof, Lunch und gute Desserts.

▲ *Hier gibt es rund um die Uhr Beignets und Zichorienkaffee: das Café Du Monde*

EXTRATIPP: Vegetarische Restaurants

> **Bayona** (s. S. 23) bietet ein gutes Angebot für Vegetarier.

- **100** [G2] **Mona's Café & Deli** $, 504 Frenchmen St. (Faubourg Marigny). Mediterrane Spezialitäten, darunter viele vegetarische Gerichte. Unbedingt das Hummus probieren!
- **101** [F3] **Organic Banana**, 1100 N Peters St. Drinks mit frischen Zutaten lokaler Farmer.
- **102** [gj] **Satsuma Café** $, 3218 Dauphine St. Eher Coffeeshop als Restaurant mit wild zusammengewürfeltem Mobiliar. Frühstück, Salate, Sandwiches und frischgepresste Säfte, alles aus lokalen, saisonalen Produkten.
- **103** [C10] **Surrey's Cafe & Juice Bar** $, 1418 Magazine St., tgl. 8–15 Uhr. Ursprung war eine Saftbar, heute ist man bekannt für eine riesige Frühstückskarte mit z. B. „Huevos Rancheros" und *pancakes*, dazu günstige *lunch combos* zu $ 10 (halbes Sandwich und Suppe) sowie viele Salate.

Auf ins Vergnügen
New Orleans am Abend

EXTRATIPP

Dinner for one
Gerade in den vielen Restaurants und Cafés, die sich entlang der Magazine Street im Garden District bzw. Uptown aufreihen, sowie in vielen der neuen, kreativen Restaurants im French District fühlen sich auch Alleinreisende wohl.
› Im **Herbsaint** (s. S. 23) kann man gut allein an der Bar sitzen.
› Der **Red Fish Grill** (s. S. 24) ist auch allein ein Vergnügen.
111 [F3] **Stella!**, 1032 Chartres St., Tel. 504 5870091, tgl. Dinner. Cajun, Creole und französische Gourmetküche zu gehobenen Preisen.

Für den späten Hunger
› Im **Café Du Monde** (s. S. 26) gibt es rund um die Uhr frische Beignets und Kaffee.
112 [E3] **Cover Grill**, 900 Bourbon St. Täglich rund um die Uhr geöffneter, legendärer Imbiss mitten in der Bourbon Street. Nach Mitternacht treffen sich hier die „Nachteulen" zum Frühstück oder Burger.
113 [B9] **St. Charles Tavern**, 1433 St. Charles Ave. Ebenfalls 24 Std. geöffnetes Restaurant aus dem Jahr 1917 und mit eigener Bar. Außer Snacks gibt es auch volle Gerichte und dazu Veranstaltungen (u.a. Mi. ab 22 Uhr Jazz).

New Orleans am Abend

Musik und Nachtleben sind in New Orleans untrennbar miteinander verbunden und an allen Ecken, zu jeder Jahreszeit und für jeden Geschmack wird etwas geboten. Nicht ohne Grund nennt man die Stadt „The World's Most Serious Party Town", und dass Leute hier in der Öffentlichkeit mit Bierbechern herumlaufen, ist vielen Amerikanern suspekt.

Musik gehört in New Orleans zum Alltag. Schon tagsüber und v.a. an Wochenenden gibt es auf der Freilichtbühne an der Riverfront, am French Market bzw. um das Café Du Monde, am Jackson Square oder auf der Bourbon Street Musik zu hören. Neben Jazz und Blues ist es besonders Cajun und Zydeco Music, aber auch alle anderen Richtungen sind in den diversen Kneipen der Stadt vertreten. Discos und schicke *nightclubs* sind eher selten, Bars und Kneipen (www.barsofneworleans.com), meist mit kleinen Bühnen, hingegen verbreitet.

Das **Nachtleben** konzentriert sich zum einen auf das French Quarter (s. S. 59), zum anderen auf Randzonen wie das Faubourg Marigny mit der Frenchmen Street [G2]. Einige Hotspots befinden sich auch im Warehouse District **23** oder in Uptown. Livejazz wird zudem in den Bars und Lounges der großen Hotels geboten und altehrwürdige Lokale laden zum Jazzbrunch ein, zum Beispiel Court of Two Sisters (s. S. 22), Commander's Palace (s. S. 22) oder Arnaud's (s. S. 22).

Nightlife

Pubs und Bars

114 [a1] **Bruno's Tavern**, 7538 Maple St. Alteingesessener Pub in Uptown mit *fries, wings* und *burgers* sowie Salaten und guter Bierauswahl. Dazu TV-Sportübertragungen und Billiard.
› **Carousel Bar**. Rotierende Bar im Stil der 1950er-Jahre im Monteleone Hotel (s. S. 126), unsterblich durch Ernest

Auf ins Vergnügen
New Orleans am Abend

Hemingway. Bekannt für Pianomusik am Abend und Cocktails wie Sazerac.
- 115 [E5] **Crescent City Brewhouse**, 527 Decatur St. Erster Brew Pub in Louisiana und bekannt für Pilsner, Red Stallion (Märzen), Black Forest (Dunkles) und Hefeweißbier. Innenhof, gute lokale Küche und am Abend Modern Jazz.
- **Hermes Bar at Antoine's** (s. S. 21). Viele Drinks (Sazeracs!) und dazu Popcorn.
- 116 [F3] **Molly's at the Market**, 1107 Decatur St. Hangout im French Quarter, ab 10 Uhr morgens geöffnet.
- **Sacerac Bar**, im Roosevelt Hotel (s. S. 125). Lounge, in der Sazeracs und Pimms Cups in Art-déco-Ambiente serviert werden.
- 117 [dn] **The Bulldog**, 3236 Magazine St., Mo.–Do. ab 14 bzw. Fr.–So. ab 12 Uhr. 50 Biere vom Fass und über 100 in Flaschen. Großer „Biergarten" und Speiseangebot, z. B. Burger. Oder man kauft *crawfish* am Imbiss gegenüber und isst ihn hier.
- 118 [D4] **Three-Legged Dog**, 400 Burgundy St. Günstige Drinks (viele Importbiere) und „Hot Wings", dazu Sportübertragungen. Für das French Quarter angenehm gemütlich.
- 119 [D9] **Ugly Dog Saloon**, 401 Andrew Higgins Dr. (CBD). Bekannt für Grillgerichte/BBQ zu moderaten Preisen, große Bar und TV-Sportübertragungen.

Livemusik

Einige Klubs erheben Eintritt (meist max. $ 10), andere lassen Gäste gratis ein, verlangen aber den Konsum von mindestens einem Getränk.
- 120 [G2] **Blue Nile Nightclub**, 532 Frenchmen St., Tel. 504 9482583, www.bluenilelive.com. Cooler Musikklub in historischem Gebäude von 1832, tgl. ab 20 Uhr Livemusik von Latin über Reggae und Rock zu Modern Jazz, gelegentliche Auftritte von Kermit Ruffins. Di. Jazz Jam Session. Gute Auswahl an Drinks an der Bar im OG. Alternativ gibt es daneben (Nummer 536) **Three Muses** mit Essen, Trinken und Musik.

▼ *Die Balkone in der Altstadt sind eine beliebte Partylocation*

Auf ins Vergnügen
New Orleans am Abend

121 [G2] **Cafe Brasil,** 2100 Chartres St., Tel. 504 9490851. Breites Livemusikspektrum, „multiethnic world music" von Reggae und Jazz über Latin und Klezmer bis hin zu Afro-Cuban Funk.

122 [G2] **d.b.a.,** 618 Frenchmen St., Tel. 504 9423731, www.drinkgoodstuff.com. Hippe/r Bar/Klub für die Schönen und Reichen in einem historischen Bau. Gute Bierauswahl und täglich Livemusik auch bekannter Künstler wie Clarence „Gatemouth" Brown, Jimmy Buffet oder Stevie Wonder.

> **EXTRATIPP**
>
> **New Orleans Musical Legends Park**
> Im New Orleans Musical Legends Park gibt es nicht nur das Café Beignet (Selbstbedienung), sondern Do. bis So. um 18 Uhr Gratiskonzerte von Steamboat Willie's Jazz Band.
>
> **137** [D5] **New Orleans Musical Legends Park,** 311 Bourbon St., www.neworleansmusicallegends.com, Tel. 504 8887608, Mo.–Mi. 8–15, Do./So. 8–22, Fr./Sa. 8–24 Uhr

Für Nachtschwärmer

› Das **Café Du Monde** (s. S. 26) ist die ganze Nacht geöffnet.

• **138** [E6] **Harrah's New Orleans Casino,** 4 Canal St. Größtes Casino im Umkreis, Veranstaltungsbühne und bis 23 Uhr preiswertes Buffet im „The Buffet at Harrah's"., www.harrahsneworleans.com.

› Das **Somethin' else Café** (s. S. 26) hat Fr./Sa. bis 3 Uhr nachts geöffnet!

139 [em] **The Trolley Stop,** 1923 St Charles Ave. Café, das Do. bis Sa. rund um die Uhr geöffnet ist. Frühstück, Burger, „Late-Night Dining" und Daily Specials.

123 [D3] **Funky Butt at Congo Square,** 714 N Rampart, Tel. 504 5580872. Abseits des Touristenrummels nahe Congo Square/Armstrong Park gelegener Jazz- und Bluesklub, benannt nach einem Song von Buddy Bolden. Auftritte von Topjazzern wie Irvin Mayfield.

124 [E4] **Funky Pirate,** 727 Bourbon St., www.tropicalisle.com/funky_pirate.html, Tel. 504 5231960. Klassischer French-Quarter-Bluesklub, Di.–Sa. 20.30 Uhr mit Auftritten von Big Al Carson & The Blues Masters.

125 [E5] **House of Blues,** 225 Decatur St., www.houseofblues.com, Tel. 504 3104999. 1994 von Isaac Tigrett mit Dan Aykroyd eröffnete Konzerthalle mit 1000 Plätzen, Restaurantbetrieb (auch im Innenhof), So. Gospelbrunch und tgl. wechselnde Konzerte.

126 [E4] **Howlin' Wolf,** 828 S Peters St., Tel. 504 5295844, www.howlin-wolf.com. Bekannt für Auftritte hochklassiger Rockbands, gelegentlich auch Blues und Jazz. Superstars wie Jackson Brown und Jimmy Page traten hier schon auf.

127 [al] **Maple Leaf Bar,** 8316 Oak St., http://mapleleafbar.com, Tel. 504 8669359. Tgl. Shows ab 22.30 Uhr. Altehrwürdiger Musikklub, in dem Blues, Funk, R&B, Rock, Zydeco und Jazz dargeboten werden und Brass Bands wie die Rebirth Brass Band, Papa Grows Funk oder Clarence „Gatemouth" Brown auftreten.

128 [bk] **Mid-City Lanes & Rock 'N' Bowl Cafe,** 3000 S Carrollton/Earhart St., www.rockandbowl.com, Tel. 504 8611700, Eintritt: $ 5–15. Bowling- und Top-Zydeco-Spot, dazu Swing und an Wochenenden Auftritte lokaler Musiker wie die Rebirth Brass Band oder die Mamou Playboys.

129 [G2] **Snug Harbor,** 626 Frenchmen St., www.snugjazz.com, Tel. 504 9490696. Einer der besten Jazzklubs der Stadt, jeden Abend 21/23 Uhr Live-

New Orleans am Abend

> **EXTRATIPP**
>
> **Preservation Hall**
> ❶**132** [E4] **Preservation Hall,** 726 St. Peter, Tel. 504 5222841, www.preservationhall.com, Einlass tgl. 20–24 Uhr, $ 8. Ein Klassiker: Man steht Schlange, um in die Location mit wohnzimmerartigem Ambiente eingelassen zu werden und klassischen Livejazz von teils etwas abgetakelten Bands zu hören. Vorwiegend Stehplätze und unklimatisiert, keine Bewirtschaftung (aber Souvenirs), tgl. 14 Uhr „Music Tour".

auftritte z. B. von Ellis Marsalis (meist Sa.). Tischservice und Bar, gute Burger und Steaks.

❶**130** [G2] **The Spotted Cat,** 623 Frenchmen St., www.spottedcatmusicclub.com, Tel. 504 9433887. *Funky music,* jeden Abend zwei Liveauftritte (18/21.30 Uhr) von Blues und Jazz bis Latino und Klezmer. Beliebter Hangout mit preiswerten Drinks. Hausband sind die New Orleans Cottonmouth Kings (Fr. 22 Uhr).

❶**131** [cn] **Tipitina's,** 501 Napoleon Ave./Tchoupitoulas St., Tel. 504 8958477, www.tipitinas.com. Musikklub, der einst Heimat von Professor Longhair war, lokale Künstler wie Harry Connick Jr., Neville Brothers, Jimmy Buffet oder Allen Toussaint begannen hier ihre Karrieren. Tgl. Livemusik (R&B, Jazz, Cajun, Zydeco, R&R) und auch Essen.

Nightclubs und Discos

❶**133** [C5] **Ampersand,** 1100 Tulane Ave., www.clubampersand.com, Tel. 504 5873737. Schicker Musikklub im CBD. Cool-sexy Atmosphäre auf zwei Ebenen, Tanzfläche, VIP Suite, Balkon und Innenhof. Hochkarätige DJs legen auf.

❶**134** [E3] **Club 735,** 735 Bourbon/St. Ann Street, Tel. 504 5816742. Tanzschuppen mit eklektischem Musikmix, zwei Tanzflächen, drei große Bars, Balkon und zwei Bühnen. Erstklassige DJs (Hip-Hop, Latin/Salsa, Jazz, House/Techno) sowie Livemusik.

❶**135** [E4] **Republic,** 828 S Peters St., 504 5288282, www.republicnola.com. Ehemaliger Rockklub, der zum eleganten Kabarett-Musikklub im Warehouse District mutierte. Kerzenlicht und Kronleuchter, Cocktails und eklektisches Publikum.

❶**136** [D5] **Rhythms,** 227 Bourbon St., Tel. 504 5233800. Bühne und Tanzfläche, v. a. Musik der 1980er-Jahre, relativ edel und teuer.

Theater und Konzerte

Großveranstaltungen finden v. a. im Convention Center, in der UNO Lakefront Arena (z. B. Jazz & Heritage Festival), der New Orleans Arena und im Superdome statt. Auch Tipitina's (s. S. 31), das House of Blues (s. S. 30) oder das Casino Harrah's (s. S. 30) verfügen über große Veranstaltungsräume.

Nach Hurrikanschäden stehen einige der legendären, historischen **Theater** wie das **Saenger Theatre** von 1927 (143 N Rampart St., 2700 Plät-

> **EXTRATIPP**
>
> **Tickets**
> › www.ticketmaster.com, Ticketmaster, 6801 Franklin Ave., Tel. 504 2800700
> › www.stubtopia.com/Cities/1072/New-Orleans-Tickets, Tel. 18888195952
> › www.webtickets.com (Link „New Orleans")
> › www.ticketbroker.com (Link „New Orleans")

Auf ins Vergnügen
New Orleans am Abend

ze) von 1927, das **Orpheum Theater** von 1921 (129 University Pl.,) oder das 1926 eröffnete **State Palace Theatre** (1108 Canal St.) noch nicht wieder zur Verfügung. Für die erstgenannten Beiden ist eine Wiederöffnung 2012 geplant.

Über das aktuelle **Kinoprogramm** und **Veranstaltungen** informiert man sich am besten in der Tageszeitung Times-Picayune (s. S. 109) oder im Wochenmagazin Gambit (s. S. 111).

Veranstaltungsorte
- **140** [D8] **Contemporary Arts Center**, 900 Camp St., www.cacno.org, Tel. 504 5283800. Zwei Bühnen, Saal, Ausstellungen, Lesungen, Café und Bookstore, seit 1976 im New Orleans Warehouse District nahe Lee Circle.
- **141** [E9] **Ernest N. Morial Convention Center**, 900 Convention Center Blvd., www.mccno.com. Verschiedene Konzerte, Aufführungen, Events und Messen.
- **142** [A7] **New Orleans Arena**, 1501 Girod St., www.neworleansarena.com, Tel. 504 5873663. Heimat der Profibasketballer New Orleans Hornets, außerdem Shows und andere Veranstaltungen.
- **143** [fk] **NOCCA (New Orleans Center for Creative Arts)**, 2800 Chartres St., Faubourg Marigny/Bywater, Tel. 504

> **EXTRATIPP**
>
> **Gratisveranstaltungen**
> Das **New Orleans Jazz National Historical Park Visitor Center** bietet Fotoausstellungen, v. a. aber Gratisveranstaltungen der Park Ranger: Konzerte, Vorträge, Filme etc. (Programm: www.nps.gov/jazz/planyourvisit/events.htm). Dazu gibt es einen Shop mit Büchern und CDs. Im **French Market Performance Pavillon** am Latrobe Park (Decatur St.) mit Open-Air-Café bzw. auf der **Open-Air-Bühne am Washington Artillery Park** gegenüber dem Jackson Square finden ebenfalls Gratisveranstaltungen statt.
> - **146** [F4] **New Orleans Jazz National Historical Park Visitor Center**, 916 N Peters St., Di.–Sa. 9–17 Uhr

015no Abb.: mb

Auf ins Vergnügen
New Orleans für Kunst- und Museumsfreunde

9402787 www.nocca.com. Klassik, Jazz, Chöre u. a.
- ❷ [A6] **Superdome.** U. a. sind hier das Essence Music Festival und regelmäßig Footballspiele der New Orleans Saints zu erleben.
- •**144 UNO Lakefront Arena,** 6801 Franklin Ave., Tel. 504 2807222, http://arena.uno.edu. Z. B. findet hier das Jazz & Heritage Festival (s. S. 12) statt.
- •**145 UNO Performing Arts Center,** 2000 Lakeshore Dr., University of New Orleans, Tickets: Tel. 504 2806381, www.music.uno.edu/facilties/facilities.cfm. Klassische und avantgardistische Stücke.

Theater
- **147** [E4] **Le Petit Theatre du Vieux Carré,** 616 St. Peter St., Tel. 504 5222081, www.lepetittheatre.com. Hier wird kulturelle Vielfalt großgeschrieben, z. B. tritt hier The NOLA project (www.nolaproject.com) auf.
- **148** [D3] **Mahalia Jackson Theater of the Performing Arts,** 801 N Rampart St., www.mahaliajacksontheater.com, Tel. 504 2870351. Veranstaltungen im Armstrong Park: Konzerte, Symphonie- und Broadwayproduktionen im Rahmen von „Broadway Across America – New Orleans" (www.broadwayacrossamerica.com/NewOrleans).
- **149** [E6] **Southern Repertory Theatre,** 333 Canal St., Tel. 504 5226545, www.southernrep.com. Erstes professionelles Ensemble in New Orleans, 150 Plätze. V. a. Schauspiele, schwerpunktmäßig von Südstaatenautoren, außerdem Aufführungen während des Tennessee Williams Literary Festivals (s. S. 11).

◀ *Gratiskonzerte finden z. B. im New Orleans Jazz National Historical Park Visitor Center statt*

Kinos
- **150** [bm] **Prytania Theatre,** 5339 Prytania St., www.theprytania.com, Tel. 504 8912787. Ältestes Kino in New Orleans aus dem Jahr 1915 mit kleiner Ausstellung in der Lobby.
- **151** [E6] **The Theatres at Canal Place,** 333 Canal St., Tel. 504 5815400, www.thetheatres.com. Fünf Kinos in einem Komplex mit modernster Digitaltechnik. Auch unabhängige und ausländische Filme.

New Orleans für Kunst- und Museumsfreunde

Etliche der Museen sind Teil des Louisiana State Museum (http://lsm.crt.state.la.us). Übergreifend informiert www.neworleansmuseums.com über Museen und sonstige Sehenswürdigkeiten.

Museen
- **152** [E6] **Audubon Nature Institute – Aquarium of the Americas,** 1 Canal St., www.auduboninstitute.org/visit/aquarium, Di.–So. 10–17 Uhr (im Sommer je nach Tageslicht länger), $ 19,95, verschiedene Kombitickets, mit Shop und Cafés, Anfahrt: Canal Streetcar/Riverfront Streetcar sowie Bus 5 bis „Canal St."
- **153** [E6] **Audubon Nature Institute – Insectarium,** 423 Canal St., www.auduboninstitute.org/visit/insectarium, Di.–So. 10–17 Uhr, $ 15,95, Anfahrt: Canal Streetcar „Ferries" (Endstation)
- **154** [an] **Audubon Nature Institute – Zoo,** 6500 Magazine St., Di.–So. 10– mind. 16 Uhr (jahreszeitlich verschieden), $ 14,95, mit Aquarium $ 31, www.auduboninstitute.org/visit/zoo, Anfahrt: St. Charles Streetcar „Audu-

Auf ins Vergnügen
New Orleans für Kunst- und Museumsfreunde

Audubon Nature Institute

Das Audubon Nature Institute - benannt nach dem Ornithologen John James Audubon (1785-1851) - unterhält drei sehenswerte Institutionen: ein Aquarium und ein Insectarium im Stadtzentrum sowie einen Zoo in Uptown.

An der Riverfront erhebt sich ein architektonisch auffälliges Bauwerk, blau verglast mit elliptischem Dach. Hier gibt es den *„Freshest Fish in Town"*, wie der witzige Werbeslogan des ***Aquarium of the Americas*** (s. S. 33) meint. 1990 eröffnet, ist das Aquarium auf die Unterwasserwelt Nord- und Südamerikas spezialisiert. In riesigen Wasserbecken sind komplette Wasserwelten nachgebildet und Glastunnel erlauben „hautnahes" Entdecken von Caribbean Reef, Mississippi, Golf von Mexico oder Amazonas-Regenwald.

Neueste Audubon-Institution ist das im U.S. Custom House an der Canal St. untergebrachte **Insectarium** (s. S. 33). Besonders Familien sollten sich die Ausstellungen zu den unterschiedlichsten Insekten und ihrer Lebenswelt sowie das Schmetterlingshaus nicht entgehen lassen.

Den südlichen Teil des in Uptown gelegenen Audubon Parks zwischen Magazine St. und Mississippi nimmt fast komplett der **Audubon Zoo** (s. S. 33) ein. In dem sehenswerten Tiergarten leben rund 1500 Tiere aus mehr als 400 Arten in natürlicher Umgebung. Besonders sehenswert ist der Louisiana Swamp, eine Sumpflandschaft, die das Leben in den Bayous darstellt. Daneben gibt es asiatische, australische, afrikanische und amerikanische Abteilungen.

bon Park/Zoo" bzw. Bus 11 (Endstation „Zoo")
- ❶ [F3] **Beauregard-Keyes House.** In dieser 1826 erbauten Stadtvilla mit Garten lebte die Schriftstellerin Frances Parkinson Keyes. Ausgestellt sind Mrs. Keyes Sammlungen antiker Puppen, Teekannen, Fächer und Kostüme. Mit Shop.
- ❸ [E4] **Cabildo.** In dem einstigen spanischen Verwaltungsbau befindet sich heute ein Museum zur Stadtgeschichte.
- ❸ [S. 144] **Chalmette Battlefield.** Das Schlachtfeld der „Battle of New Orleans" (Januar 1815) liegt 10 km südöstlich der Stadt.
- ❯ **Contemporary Arts Center (CAC)** (s. S. 32). Wechselausstellungen, Do.-So. 11-16 Uhr, $ 5.
- ❶ [F3] **Gallier House.** Das 1857 bis 1860 errichtete Wohnhaus des Architekten James Gallier Jr. gehört zu den architektonischen Schätzen der Stadt und ist auch innen sehenswert.
- ❶ [D4] **Hermann-Grima House.** 1831 von William Brand für den jüdischen Immigranten Samuel Hermann aus Frankfurt/Main erbautes Haus mit Garten, Pferdestall und separater Küche. Im Inneren legt es Zeugnis von der hochherrschaftlichen und geschmackvollen Lebensweise einer Kreolenfamilie ab.
- ❼ [E4] **Historic New Orleans Collection.** Forschungszentrum mit Bibliothek, Archiv, historischer Abteilung, Shop und historischem Wohnhaus. Es finden verschiedene Wechselausstellungen statt.
- ❸ [bj] **Longue Vue House and Gardens.** Das Gebäude erinnert an alte englische Landhäuser, ist ringsum von einem prächtigen Garten umgeben und und be-

Auf ins Vergnügen
New Orleans für Kunst- und Museumsfreunde

herbergt eine exzellente Sammlung moderner Kunst.

🏛 **155** [D8] **Louisiana Children's Museum,** 420 Julia St., www.lcm.org, Di.–Sa. 9.30–16.30, im Sommer bis 17, So. 12–16.30/17 Uhr, $8. Interaktive Ausstellungsabteilungen wie „Fetch!", „Mr. Rogers' Neighborhood" oder New Orleans „Proud To Call It Home", dazu wechselnde Veranstaltungen, Workshops u. a. Events.

🏛 **156** [C8] **Louisiana's Civil War Museum at Confederate Memorial Hall,** 929 Camp St., www.confederatemuseum.com, Di.–Sa. 10–16 Uhr, $5. Ältestes Museum in Louisiana mit Memorabilien des Bürgerkriegs wie Uniformen, Waffen, Abzeichen usw.

› **Lower Pontalba Building/1850 House.** Zu besichtigendes Reihenhaus, das zum Gesamtkomplex der den Jackson Sq. rahmenden Pontalba Buildings ❹ aus der Mitte des 19. Jh. gehört und den Luxus der einstigen Mietshäuser sowie den Lebensstil der kreolischen Aristokratie widerspiegelt.

⓭ [E3] **Madame John's Legacy.** Bau aus dem späten 18. Jh. in für die Stadt untypischer Bauweise mit einer Art Sockelzone. Wechselausstellungen zur Volkskunst (derzeit geschlossen).

㉔ [D8] **National World War II Museum.** Riesiges Museum zur Geschichte des Zweiten Weltkriegs mit Kino und ausgezeichnetem Restaurant.

🏛 **157** [D1] **New Orleans African American Museum (NOAAM),** 1418 Governor Nicholls St., http://noaam.org, Mi.–Sa. 11–16 Uhr, $7. Ausstellungen im afroamerikanischen Viertel Trème in einem historischen Baukomplex. Zu sehen sind afroamerikanische Kunstwerke aller Genres und dazu gibt es rund um den Hauptbau einen schönen Garten.

⓬ [E3] **New Orleans Historic Voodoo Museum.** Kurioses Museum zur Voodoo-Religion. Voodoo-Rituale zu bestimmten

Museen, die mit einer magentafarbenen Nummer (㉝) als Hauptsehenswürdigkeit ausgewiesen sind, werden im Kapitel „New Orleans entdecken" ausführlich beschrieben. Dort finden sich auch alle praktischen Informationen wie Adresse, Öffnungszeiten usw.

Terminen, zudem Shop und Walking-Tour-Angebot.

㉝ [ci] **New Orleans Museum of Art/ NOMA.** 100 Jahre alter Kunsttempel mit sehenswerter Sammlung und angeschlossenem Sculpture Garden.

❺ [E4] **New Orleans Pharmacy Museum.** 1823 eröffnete Apotheke mit Sammlung zur Pharmaziegeschichte und zur Gesundheitsversorgung.

🏛 **158** [D4] **New Orleans Wax Museum,** 917 Conti St., Mo./Fr./Sa. 10–16 Uhr, $7, www.neworleanswaxmuseum.com. Lebensgroße Wachsfiguren lassen in etwa 30 historischen Szenen die Geschichte der Stadt und der Region wiederaufleben. Mit angeschlossener „Horrorgalerie".

㉕ [C8] **Ogden Museum of Southern Art.** Empfehlenswerte Einführung zur Kunst der Südstaaten, mit Wechselausstellungen.

⓰ [F3] **Old Ursuline Convent.** Das älteste erhaltene Bauwerk der Stadt aus dem Jahr 1745 diente einst als Kloster, Hospital, Waisenhaus und Schule und zeigt heute klerikale Raritäten, Dokumente, Möbel und Buntglasfenster.

⓲ [G3] **Old U.S. Mint.** Ausstellung rund ums Geld in der alten Münzprägeanstalt sowie Wechselausstellungen.

㉞ [di] **Pitot House Museum.** Landhaus aus der Kolonialzeit am historischen Bayou St. John mit zeitgenössischer, allerdings nicht originaler Ausstattung (frühes 19. Jh.).

Auf ins Vergnügen
New Orleans für Kunst- und Museumsfreunde

❸ [E4] **Presbytère.** Einst Sitz der katholischen Kirchenverwaltung, dann Teil des Louisiana State Museum. Im Erdgeschoss Ausstellung „Katrina & Beyond" (bis mind. Okt. 2013), im Obergeschoss Dauerausstellung „Mardi Gras".

159 [F7] **Southern Food & Beverage Museum (SoFAB),** 500 Port of Orleans Place, Riverwalk, http://southernfood.org, Mo.–Sa. 10–17, im Sommer bis 19, So. 12–18 Uhr, $ 10. Dauerausstellung zur Küche Louisianas und New Orleans' sowie des ganzen Südens, dazu Wechselausstellungen, Vorführungen und Veranstaltungen.

160 [dm] **The House of Broel,** 2200 St. Charles Ave., www.houseofbroel.com, Touren Mo.–Fr. 11–15 Uhr, $ 10. Haus von 1850, im viktorianischen Stil möbliert, mit Puppen- und Puppenhaussammlung, Mardi-Gras-Kostümen und Shop.

Galerien

Im Warehouse District ist die Julia Street als „Gallery Row" bekannt, ansonsten ist die Royal Street bei Antiquitäten- und sonstigen Sammlern beliebt.

161 [bn] **Art for the Soul,** 5206 Magazine St. Kunst, Kunsthandwerk und Geschenkartikel von lokalen Künstlern.

162 [D4] **Brass Monkey – The Collector,** 407 Royal St. Nette Antiquitäten, erschwinglich und klein genug zum Mitnehmen.

163 [E4] **Le Petit Soldier Shop/Sword & Pen,** 528 Royal St. Legionen von handbemalten Zinnsoldaten u. v. a.

164 [E4] **Lucullus Inc.,** 610 Chartres St. Kulinarische Antiquitäten, Kochzubehör und Geschirr.

165 [D7] **New Orleans ArtWorks,** 727 Magazine St. Glasbläser-, Druck- u. a. Werk-

Auf ins Vergnügen
New Orleans zum Träumen und Entspannen

stätten und Studios im Warehouse District, dazu Shop, Vorführungen und Kurse (www.artscouncilofneworleans.org).

166 [E4] **Rodrigue Studios,** 730 Royal St., www.georgerodrigue.com. Werke des Erfinders des „Blue Dog" aus der „Absolut"-Gin-Werbung.

167 [E4] **Vintage 429 und 329 Gallery,** 429/329 Royal St. Memorabilien aus den verschiedensten Bereichen, von Sport und Musik über Waffen bis zu Karten und Literatur.

▲ *Ruhepause
am Jackson Square* ❶

◀ *Rings um den Jackson Square* ❶
treffen sich die (Hobby-)Künstler

New Orleans zum Träumen und Entspannen

Nach New Orleans fährt niemand zum Erholen – dafür gibt es geeignetere Ziele – und noch dazu dürfte ein Städtekurztrip kaum Zeit dazu bieten. Wer sich aber einmal ausruhen und die besondere Atmosphäre auf sich wirken lassen möchte, findet dennoch einige geeignete Plätze.

Schön zum Innehalten ist z. B. der **Woldenberg Riverfront Park** [E5] entlang dem Ufer des Mississippi. Hier an der Promenade gibt es Grün und Ausblick auf den Fluss, Bänke und Skulpturen und es spielen Musiker. Am French Market ⓫ befindet sich mit dem **Latrobe Park** (Decatur St.) kein „Park" im eigentlichen

Auf ins Vergnügen
New Orleans zum Träumen und Entspannen

Sinne, aber eine Fläche mit Bepflanzung und Sitzplätzen – ideal für ein Päuschen, oft bei kostenloser Livemusik. Eher turbulent geht es auf der Grünanlage des **Jackson Square** ❶ zu, wo ebenfalls Bänke für müde Besucher stehen und *people watching* angesagt ist.

Die **Friedhöfe** (s. S. 66) wie auch der **Louis Armstrong Park** ❿ bieten zwar einige idyllische Plätzchen und sind gut für ein kurzes Verschnaufen, allerdings nicht unbedingt geeignete und sichere Orte für ein Mittagsschläfchen. Eine große, vielseitige Parkanlage ist hingegen der **Audubon Park/Riverview** [bm], wo sich auch der Zoo befindet. Er ist mit Rasenflächen, alten Baumbeständen, Sportplätzen und Pfaden verschiedenster Art augestattet und lädt auch zum Picknick ein.

Der **City Park** ist der größte Stadtpark der USA und mit 610 ha doppelt so groß wie der New Yorker Central Park. Schön zum Sitzen ist beispielsweise das Areal um das NOMA ❸❸, wo sich ein idyllischer kleiner See befindet. Auch der zum Museum gehörige Sculpture Garden eignet sich zum Ausruhen, ebenso der nahegelegene Botanische Garten.

▲ *Mittagsschläfchen unter Live Oaks? Das ist z. B. im New Orleans City Park möglich.*

Am Puls der Stadt

Am Puls der Stadt
Das Antlitz der Metropole

Die braunen, scheinbar träge strömenden Fluten des „Ol'Man River" bestimmen seit Generationen das Leben in New Orleans. Gemächlich fließt der Mississippi dem Golf von Mexiko entgegen, gelassen ist auch der Lebensstil in der einst von Spaniern und Franzosen beherrschten Stadt.

„The Big Easy" – der Spitzname von New Orleans kommt nicht von ungefähr. Schließlich steht gerade diese Stadt synonym für Musik, Mardi Gras und gutes Essen, für Lebensart und Laissez-faire. „Laissez Les Bons Temps Rouler" oder „Let the good times roll" („Lasst uns eine gute Zeit haben") – so lautet die Parole.

Das Antlitz der Metropole

Dem speziellen Charme der „alten Dame" New Orleans sind schon viele erlegen. Der Literat Henry Miller brachte es so auf den Punkt: „New Orleans ist der einzige Ort, wo man nach einem ausgedehnten Essen, begleitet von einem guten Wein und einem interessanten Gespräch, in der Altstadt spazierengehen kann und sich wie ein zivilisierter Mensch fühlt."

Mit rund 355.000 Einwohnern (ca. 1,2 Mio. im Großraum) gehört **NOLA** (für „**N**ew **O**rleans/**L**ouisi**a**na**"**, so lautet die offizielle Abkürzung der Stadt) zwar nicht zu den größten Städten Amerikas, hat jedoch, was die Attraktivität anbelangt, die Nase weit vorn. Im „Bayou State" Louisiana (ca. 4,5 Mio. Einwohner) gelegen, nennt man New Orleans auch „**Queen City of the South**", „**Paris of America**" oder „**The Big Easy**". Hier läuft das Leben nach anderen Regeln, es gibt z. B. kein Ladenschlussgesetz, Bier wird – im Unterschied zum Rest der USA – in beliebigen Mengen billig und offen ausgeschenkt. Ein Gesetz verbietet zwar das öffentliche Herumtragen jeglicher Getränke in Glasbehältern, aber nicht in Plastikbechern – hier wird eine Gesetzeslücke genutzt.

Die **turbulente Vergangenheit** der Stadt spiegelt sich in vielerlei Hinsicht wider und macht sie erst interessant. Südländisches Alte-Welt-Flair und karibisches Temperament, verschiedenste Bauformen, Traditionen und Kulturen und ein buntes Völkergemisch prägen „N'Awlins". Die vormals königlich-französische Kolonie wechselte die Flaggen wie Bewohner ihre Hemden, bis 1803 endgültig die Amerikaner das Zepter übernahmen.

Obwohl die Stadt Mobile die erste Mardi-Gras-Parade für sich beansprucht, ist New Orleans **die Personifikation des Karnevals** und die Mardi-Gras-Hochburg der USA. Im Frühjahr scheinen die Stadt und das Cajun Country jeglichen Realitätsbezug zu verlieren. Dann regiert **Mardi Gras**. Aus dem einst französischen „fetten Faschingsdienstag" ist ein Fest mit eleganten Bällen, v. a. aber farbenfrohen, ausgelassenen Umzügen geworden, das sich über Wochen hinzieht und die ganze Stadt in Atem hält.

New Orleans gilt zugleich als **Wiege des Jazz** und **Zentrum des Voodoo**. Zudem war die liebenswert-altmodische Stadt am Mississippi schon im 19. Jh. eine **Kulturmetropole**, die mit Paris in einem Atemzug genannt wurde. Und nicht zuletzt genießt New Orleans noch den Ruf als „**Hochburg der Haute Cuisine**".

◀ *Vorseite: General Andrew Jackson besiegte die britischen Truppen (s. S. 43)*

Am Puls der Stadt **41**
Von den Anfängen bis zur Gegenwart

Von den Anfängen bis zur Gegenwart

Leicht lässt sich New Orleans nicht unterkriegen, schließlich hat die „alte Dame" seit ihrer Gründung nicht nur verschiedene Machthaber – Franzosen, Spanier und Amerikaner – sondern auch einiges an Katastrophen – zuletzt den Hurricane Katrina im Jahr 2005 – er- und überlebt.

Der Hurricane **Katrina** riss im Herbst 2005 New Orleans jäh aus allen Träumen: Die Bilder von **Zerstörung** und **Verzweiflung** gingen um die Welt – es schien, als sei ganz New Orleans in schmutzigbraunen Fluten versunken. Tagelang stand das Wasser in rund drei Vierteln der Stadt, forderte Menschenleben und zerstörte Existenzen.

▲ *Alt und Neu direkt nebeneinander: Vieux Carré und Business District*

Bummelt man heute durch die Gassen der Altstadt, des French Quarter, oder durch den Garden District, das noble Uptown mit seinen von Grün gerahmten Südstaatenvillen, stellt man fest, dass der Alltag wieder eingekehrt ist.

Geschichte im Überblick

Mitte des 16. Jh.: Ansiedlung von Choctaw-Indianern, die seit etwa 800 v. Chr. im Mississippi-Delta zu Hause sind, nahe der heutigen Governor Nicholls Street Wharf, an der berühmten Biegung *(crescent)* des Mississippi.

1513–1603: Erste Erkundungsfahrten europäischer Abenteurer entlang der Küsten und Flusstäler der Südstaaten: 1513 „entdeckt" Ponce de Léon Florida und Hernando de Soto durchstreift auf der Goldsuche die heutigen Südstaaten (1539–1543).

Am Puls der Stadt
Von den Anfängen bis zur Gegenwart

1682: Der Franzose Robert Cavalier, Sieur de La Salle, sucht von Norden kommend nach der Mündung des Flusses. Er nennt die Region „La Louisiane" und beansprucht sie für Frankreich. Angesichts des Klimas, der Landschaft, Flora und Fauna ergreifen die als Siedler hergeschickten Franzosen rasch wieder die Flucht.

1718: Jean Baptiste le Moyne, Sieur de Bienville, gründet mit einer Handvoll Siedlern La Nouvelle Orléans, benannt nach Philip II., den Herzog von Orléans. Die prekäre Finanzlage in Versailles und der Tod des Sonnenkönigs Louis XIV. behindern die Entwicklung der Kolonie und der neuen Stadt. John Law, schottischer Spekulant und Finanzier, gründet eine Privatbank und AG, die Mississippi Company, nachdem er vom französischen Hof einen 25-Jahres-Vertrag erhalten hatte, der ihm das Handelsmonopol zusichert und ihn zu 25-prozentigen Abgaben an Frankreich verpflichtet. Mit einer Werbeaktion lockt man Aktionäre und Siedler, aber auch zwielichtige Gestalten in die neue Kolonie.

1719: Die ersten Deutschen treffen in New Orleans ein, noch ehe ein Jahr später das erste Sklavenschiff im Hafen einläuft. Im gleichen Jahr und 1721 zerstören Hurricanes viele Bauten.

1721: Der königlich-französische Chefingenieur Le Blond de la Tour beginnt, unterstützt von Adrien de Pauger, mit der Stadtplanung nach dem Rasterprinzip: Eine Platzanlage zum Fluss hin mit dominanter Kirche und flankiert von öffentlichen Gebäuden soll der Stadt ihr Gesicht geben. Von dem Plan, Fluss und Lake Pontchartrain durch einen Kanal zu verbinden, bleibt die überbreite Canal Street übrig. Nach dem Tod de Paugers 1726 ignoriert sein Nachfolger Ignace François Broutin die symmetrischen Prinzipien weitgehend.

1722: New Orleans wird zur Hauptstadt des Louisiana Territoriums ernannt.

1727: Eine erste Abordnung von Ursulinen-Schwestern kommt in die Stadt. Sie gründen ein Kloster und kümmern sich fortan ebenso um medizinische und seelsorgerische Belange. Als Siedlungskern bildet sich im frühen 18. Jahrhundert das Vieux Carré heraus: 90 Blöcke zwischen Canal, Rampart St., Esplanade Ave. und Mississippi River. Das einsetzende bescheidene Wachstum der Stadt und die Entstehung einer Oberschicht hängen auch mit der Erhebung Louisianas zur Kronkolonie im Jahr 1737 zusammen. Die Ausfuhr von Zuckerrohr hilft der Wirtschaft und fördert die Bedeutung des Hafens.

1756–1763: Der Siebenjährige Krieg in Europa hat auch in Amerika Konflikte zwischen Briten und Franzosen zur Folge. Obwohl sich Spanien auf die Seite Frankreichs schlägt, werden beide 1763 besiegt. Für das Louisiana-Territorium hat diese Liaison einschneidende Konsequenzen: 1762 vermacht Louis XV. die Region seinem spanischen Verwandten Karl III.

1765–1785: Die französische Niederlage im Krieg hat die Zuwanderung französisch sprechender Siedler (Acadiens oder Cajuns), die von den Briten aus Kanada vertrieben wurden, zur Folge. Sie siedeln in der Sumpflandschaft westlich von New Orleans.

Ende 18. Jh.: Die französische und spanische Oberschicht verschmilzt zu den „Creoles", wie sich die in Louisiana geborenen freien Bürger nennen. Die Wirtschaft boomt dank des Zuckerrohranbaus. Beim Karfreitagsbrand 1788 werden vier Fünftel der Stadt ein Raub der Flammen. Ehe der Wiederaufbau richtig begonnen hat, sucht 1794 ein zweites Feuer die Stadt heim. Von der alten Stadtanlage Bienvilles bleibt allein der Ursulinenkonvent übrig, danach entstehen neue repräsentative Bauten wie das Cabildo (1795) und das Presbytère

Am Puls der Stadt
Von den Anfängen bis zur Gegenwart

(ab 1791). Als Folge werden neue Bauvorschriften erlassen. Die neu in Mode kommenden Schmiedeeisenarbeiten an Balkonen oder Zäunen sowie die direkt an die Straße gerückten Häuser mit Innenhöfen sorgen für ein Stadtbild spanischer Prägung – bis heute.

1800: Die Spanier geben das Louisiana-Territorium an Frankreich zurück, faktisch bleibt die spanische Verwaltung aber bis 1803 bestehen.

1803: Dem amerikanischen Präsidenten Thomas Jefferson gelingt es, von Napoleon, der Geld für seine Kriegspläne gegen England braucht, für $ 15 Mio. das gesamte Louisiana-Areal für die USA zu erwerben. Dieser Louisiana Purchase bewirkt ab 1803, dass vermehrt US-Bürger zuwandern, gefolgt von Iren und Deutschen.

Januar 1815: Der „War of 1812" ist die letzte Auseinandersetzung zwischen den USA und Großbritannien. Tage nach dem Friedensschluss kommt es – mangels schneller Nachrichtenübermittlung – vor den Toren der Stadt zur „Battle of New Orleans". Die britischen Truppen unter Lord Edward Pakenham werden von einer zusammengewürfelten US-Truppe unter Andrew Jackson – Schwarze, Seeräuber wie der berühmte Jean Lafitte, Indianer und Bürgermiliz – vernichtend geschlagen.

Ab 1835: Die Stadt spaltete sich in zwei selbstständige Kommunen: die Kreolen im French Quarter und die Amerikaner im neu gegründeten Garden District. Die Stadt erlebt eine Blütezeit, zählt über 100.000 Einwohner und gilt 1840 als viertgrößte Stadt der USA. Eine Gelbfieberepidemie dezimiert die Bewohnerzahl 1853 um 15.000 Einwohner.

1858: Erste Mardi-Gras-Parade.

1862: Unions-Admiral David Farragut besetzt im Bürgerkrieg nach kurzem Seegefecht am 25. April die strategisch bedeutende Hafenstadt.

1880er-Jahre: New Orleans erholt sich langsam, wobei die Entdeckung einer Ölquelle 1901 den Grundstein für die rapide Entwicklung Louisianas zum Industriestaat einleitet.

Anfang des 20. Jh.: Selbst ein Hurrikan im Jahr 1915, eine Grippeepidemie im Jahr 1918 und die Überschwemmungskatastrophe von 1927 können der Aufbruchsstimmung in der schicksalsgebeutelten Stadt keinen Einhalt gebieten.

1978: Wahl von „Dutch" Morial zum ersten schwarzen Bürgermeister.

1984: Die Weltausstellung macht die Stadt in aller Welt bekannt.

1999: Der Bundesstaat Louisiana feiert 300. Geburtstag.

2003: Die Feierlichkeiten anlässlich des 1803 erfolgten Louisiana Purchase finden in New Orleans statt.

2004: Kathleen Babineaux Blanco wird als erste Frau zur Gouverneurin von Louisiana gewählt.

27. Aug.–3. Sept. 2005: Die Great Deluge, die „Große Sintflut", überrollt als Folge von Hurricane Katrina New Orleans. 80 % der Stadt werden überflutet, über 180.000 Häuser zerstört und es sind rund 2000 Opfer zu beklagen.

Frühjahr 2006: Während des Jazz & Heritage Festivals singt Rockstar Bruce Springsteen „My City of Ruins ... Come on, rise up! Rise up!" und feiert mit Zehntausenden die Wiederauferstehung der Stadt.

7. Feb. 2010: Nach einem 31 : 17-Sieg über Indianapolis holen die heißgeliebten Saints erstmals in der Vereinsgeschichte die Super Bowl, die Meisterschaftsrophäe der Football-Profiliga NFL.

20. Apr. 2010: Mit der Explosion einer Ölbohrplattform im Golf von Mexiko, vor der Mündung des Mississippi, nimmt der Deepwater Horizon Oil Spill seinen Anfang. Die Katastrophe wirkt sich weniger verheerend aus als anfangs befürchtet.

The Great Deluge – eine Stadt und ihr Kampf gegen die Fluten

*Eines ist sicher: Man hat **aus der Katastrophe** im Herbst 2005 **gelernt**, das hat Hurricane Gustav 2008 gezeigt. Die Behörden haben viermal so viel Essen, Trinken und Eis für den Katastrophenfall eingelagert als zuvor und eine Million Menschen kann damit mindestens eine Woche lang versorgt werden. Auch die US-Regierung hat mittlerweile angeblich $ 800 Mio. ausgegeben, um die Kommunikation zwischen den Behörden „sturmfest" zu machen.*

*Dennoch bleibt man in New Orleans skeptisch. Denn erst lange nach den apokalyptischen Ausmaßen der „Great Deluge" (s. S. 43), der „Großen Sintflut", die fast 2000 Tote und Millionenschäden nach sich zog, begannen die staatlichen Stellen allmählich zu begreifen, was alles schiefgelaufen war. Und noch immer sind **Aufräum- und Schutzmaßnahmen** nicht abgeschlossen: Das Corps of Engineers, jene der US-Armee unterstellte Baubehörde, ist beispielsweise konstant damit beschäftigt, das Deichsystem rings um die Stadt zu verbessern.*

*Als 1718 **Sieur de Bienville** New Orleans gründete, wusste er durchaus, worauf er sich einließ. Hier war der einzige Platz, der bei Stürmen und Überschwemmungen trocken blieb - das hatten ihm die lokalen Indianer bestätigt. Die Mississippi-Schleife - die zum Beinamen „Crescent City" („crescent" = Mondsichel) führte - schien der ideale Ort für einen Hafen, zumal mit dem Lake Pontchartrain ein riesiges Süßwasserreservoir zur Verfügung stand. Schon Bienville ließ ein Dammsystem errichten, das sich beim ersten schweren **Hurricane 1722** jedoch als*

Am Puls der Stadt
The Great Deluge – eine Stadt und ihr Kampf gegen die Fluten

untauglich erwies. Damals versank „La Nouvelle Orléans" erstmals in den Fluten. Viele erwogen die Aufgabe der Siedlung, doch Bienville und seine Getreuen wischten jeden Widerspruch vom Tisch: „Wer gehen will, möge gehen – wir bleiben!" Auch nach fast 300 Jahren haben sich die New Orleanians mit den Unbilden der Natur arrangiert. Nicht abgefunden hat man sich dagegen mit der Inkompetenz der staatlichen Behörden und deren mangelhaftem Katastrophenmanagement.

Seit die USA die Region westlich des Mississippi 1803 von Napoleon erworben hatten, bemüht sich das Corps of Engineers, ein funktionierendes **Deichsystem** um die Stadt zu bauen. Ein schwieriges Unterfangen: Mit erschreckender Regelmäßigkeit wurde die Stadt 1849, 1893, 1909, 1927 und 1965 zu großen Teilen überschwemmt. Dann keimte mit einem neuen Deichsystem in den 1970/80er-Jahren Hoffnung auf, allerdings hatten die Erbauer damals versäumt, die Deiche zu testen und die neuesten Zahlen des geologischen Amts zu berücksichtigen. Diese hatten nämlich ein konstantes **Absinken großer Teile der Stadt unter den Meeresspiegel** bescheinigt. Lag einst fast das ganze Stadtgebiet erhöht, war durch Trockenlegungen und den ständigen Betrieb von (deutschen) Pumpen, die Regenwasser aus der Stadt befördern, mit dem Grundwasserspiegel auch der Boden tief unter den Meeresspiegel gesunken. Kein Wunder, dass das Deichsystem 2005 den Fluten nicht mehr gewachsen war.

Nun arbeitet man erneut an den Deichen, verankert sie mit mehreren stabilen Pfeilern im Boden, um so das Unterspülen und Kippen – wie 2005 geschehen – zu verhindern. Weitere **Dämme, Flutbrecher** sowie mit dem Schutt aus der Stadt künstlich aufgeschüttete „**Barrier Islands**" sollen in Zukunft große Flutwellen aus dem Golf von Mexiko schon vor ihrem Hineindrücken ins Mündungsdelta des Mississippi „entschärfen". Zudem liegen erste Vorschläge vor, die Flutkanäle und Deiche der Stadt besonders um den City Park ökologisch zu gestalten und damit teilweise **Sumpf- und Marschland** in die Stadt zurückzubringen.

Wie das Frühjahr 2011 gezeigt hat, sorgen aber nicht nur Hurricanes für Probleme, auch die Fluten des Mississippi drohen immer wieder überzuschwappen. Zum Glück haben sich aber die **Deichanlagen,** die 1927 nach der „Great Flood", dem letzten verheerenden Hochwasser, gebaut worden waren, auch 2011 bewährt.

Der **Mississippi**, zusammen mit dem Missouri der drittlängste Fluss der Welt, wird seinem Namen auf jeden Fall immer noch gerecht: „Misi sipi" oder „mach ceba", das „große Wasser", nannten die Ureinwohner den „Ol' Man River", der auf knapp 3800 km Länge vom Itasca-See in Minnesota zum Golf von Mexiko das Zentrum Nordamerikas quert.

◀ *So sah es im Frühjahr 2006 im Lower 9th Ward, einem afroamerikanischen Wohnareal nahe dem gebrochenen Deich, aus*

Mai 2010: Mitch Landrieu, aus einer seit Generationen berühmten lokalen Politikerfamilie, wird Bürgermeister. Sein Vater, „Moon" Landrieu, war 1970 bis 1978 Bürgermeister, seine Schwester Mary ist seit 1997 Senatorin.

April 2012: Als Topsportevent wird die College-Basketball-Finalrunde der besten vier Teams – Final Four – in New Orleans ausgetragen.

Februar 2013: Der Super Bowl XLVII, das Finale der besten Profi-Footballteams der NFL, findet zum 10. Mal in New Orleans statt.

Leben in der Stadt

New Orleans war schon immer etwas Besonderes: Das Flair, die Gerüche, die Musik, die Küche, die verschiedenen Kulturen und Ethnien, der dekadent-marode Charakter der Stadt und der Laissez-faire-Lebensstil der Bewohner verschmelzen hier zu einem einzigartigen „Gumbo", einem bunt gemischten, schmackhaften Eintopf.

Neben „Old World Charm" und „New World Diversity" gehören zu New Orleans leider aber auch Armut, Kriminalität, ein miserables Schulsystem, Korruption und ineffiziente Behörden, davon merkt der Normaltourist allerdings wenig.

Der **Großraum,** Greater New Orleans, mit etwa 1,2 Mio. Einwohnern, besteht im Kern aus der **Stadt New Orleans,** die mit dem **Orleans Parish** (etwa 340.000 Einwohner) identisch ist. Weitere wichtige „Landkreise" sind St. Bernard (u. a. Chalmette), Jefferson (zweitgrößter Landkreis mit etwa 450.000 Einwohnern und Orten wie Metairie, Kenner, Gretna), St. Charles, St. John sowie jenseits des Lake Pontchartrain St. Tammany (ca. 200.000 Einwohner).

Vieles ist in dieser Gegend anders, nicht nur, dass ein Landkreis nach den ursprünglichen katholischen Pfarrbezirken als „Parish" bezeichnet wird. Hier heißen auch die Vororte „**Faubourgs**", es werden eigene Dialekte gepflegt und der eigene Charakter gewahrt. Verwaltungstechnisch werden mehrere **Neighborhoods** unterschieden, darunter folgende touristisch interessante: Der **Central Business District** (CBD) mit dem **Warehouse District** (WHD) und **Downtown,** bestehend u. a. aus dem **French Quarter** (FQ), aus **Faubourg Marigny** und **Tremé**. Der **Lower Garden District** um die Magazine Street, der **Garden District** zwischen St. Charles Ave. und Magazine St. und **Uptown** mit University District, Audubon Park und Carrollton sowie Mid City mit dem **City Park** sind weitere stadtnahe Viertel.

Auch in der **Gesetzgebung** kocht New Orleans noch immer ein eigenes Süppchen: Statt der englischen Version gibt es hier seit 1808 einen eigenen **Civil Code** nach dem Vorbild des lange hier gültigen französischen „**Code Napoléon**". Die Kommunalverfassung von 1954 legt die Wahl des **Bürgermeisters** und der sieben Stadträte für jeweils vier Jahre fest. Der *mayor,* zwischen 1978 und 2010 hatten gleich vier Afroamerikaner – „Dutch" Morial, Sidney Berthelemy, Marc Morial und C. Ray Nagin – das Bürgermeisteramt inne, hat eine starke Position. Im Mai 2002 wurde Marc Morial, der seit 1994 regiert hatte, von **C. Ray Nagin,** gebürtig aus New Orleans, Absolvent der Tulane University und zuvor Vizepräsident und General Manager einer Kommunikationsfirma, abgelöst. Er lenkte die Geschicke der Stadt bis Mai 2010, wobei er sich während Katrina keine Lorbeeren verdiente. Ihm folgte **Mitchell Landrieu**.

Leben in der Stadt

Gesellschaft und Ethnien

Mit New York hat New Orleans rein äußerlich wenig gemeinsam, außer, dass hier wie dort ein buntes **Völkergemisch** lebt. New Orleans ist ebenso vielsprachig, multikulturell und bunt – ein **Gumbo** (Eintopf) verschiedener Kulturen und Rassen. Wo heute Menschen aus unzähligen Nationen zusammenleben, davon über 60 % dunkler Hautfarbe, kamen bereits früh – dank des Hafens – afrikanische, karibische und europäische Einflüsse zusammen, dazu indianische, da ja das Land ursprünglich den **Choctaw-Indianern** gehörte.

Als sich im Laufe des 17. und 18. Jh. die ersten französischen Einwanderer entlang dem Mississippi niederließen und sich später Spanier dazugesellten, kannte man die Bezeichnung „**Kreolen**" noch nicht. Erst im 19. Jh. begannen sich die alteingesessenen Bewohner „Creoles" zu nennen, um sich damit von den zugereisten US-Amerikanern abzugrenzen. Sie betrachteten sich als die wahren „Einheimischen" und beriefen sich auf die gemeinsamen Wurzeln mit den französischen und spanischen „Ursiedlern", der **l'ancienne population** – selbst wenn deren Blut mit indianischem oder afrikanischem vermischt war. Diese **Creoles de Couleur** und die **Creole Negros** – ehemalige Sklaven aus der Karibik, die schon im 18. Jh. als freie Bürger, als Händler und Handwerker nach New Orleans gekommen waren – wurden ursprünglich als „**les français étrangers**" bezeichnet.

Dem studierten Rechtsanwalt unterstand vorher bis Mai 2010 das Department of Culture, Recreation and Tourism in der Staatsregierung.

Bis zur letzten Wahl im Herbst 2010 galt Louisiana traditionell als Demokratenstaat mitten im erzkonservativen Süden. Berühmtester und radikalster Gouverneur war der von 1928 bis 1935 regierende **Huey P. Long**, ein charismatischer Redner und Demagoge, ein Wohltäter der Armen, aber auch ein unerbitterlicher Machtpolitiker, der von seinen Anhängern unbedingten Gehorsam forderte. Mit **Piyush „Bobby" Jindal** fungiert seit 2008 ein junger, dynamischer Republikaner indischer Herkunft als Gouverneur, im Senat herrscht ein Patt zwischen beiden Parteien und im Repräsentantenhaus haben die Republikaner eine knappe Mehrheit. New Orleans selbst ist hingegen seit 1872 eine **Demokratenhochburg**.

Zum Völkergemisch gesellte sich in der zweiten Hälfte des 18. Jh. eine Schar von Franzosen, die aus der kanadischen Provinz Nova Scotia vertrieben worden waren: die Acadiens

▲ *Seit 2010 Bürgermeister von New Orleans: Mitch Landrieu*

Am Puls der Stadt
Leben in der Stadt

oder **Cajuns**. Sie siedelten bevorzugt im Sumpf- und Marschgebiet westlich der Stadt und in den Ebenen von Südwestlouisiana, errichteten kleine Dörfer und lebten eher schlecht als recht von Viehzucht, Landwirtschaft, Fisch und Meeresfrüchten. Der harte Neubeginn schweißte die ehemaligen Frankokanadier zusammen und ließ sie zu einer bis heute eigenständigen Bevölkerungsgruppe mit spezifischen Eigenheiten werden. Dazu gesellten sich südöstlich von New Orleans, um die Ortschaft New Iberia, Siedler von den Kanarischen Inseln und aus Málaga. Zudem waren und sind verschiedene Indianerstämme wie die **Chitimacha** hier zu Hause.

Erst als zu Beginn des 19. Jh. die Amerikaner die Zügel in die Hand nahmen, verbreitete sich die „Yankeesprache" Englisch. Allerdings darf man sich auch heute nicht wundern, dass so viele **französische Ausdrücke** und Namen – wie Lagniappe, Andouille, Mardi Gras oder Beignet – noch immer gebräuchlich sind.

Wanderten im 18. und 19. Jh. vor allem Iren und Deutsche, Engländer, Sizilianer und immer wieder Franzosen zu, strömen ab Mitte der 1970er-Jahre verstärkt Asiaten – besonders Vietnamesen – und außerdem Mittelamerikaner sowie Mexikaner in die Stadt. Die Deutschen ließen sich bevorzugt **downriver** nieder, weshalb diese Region den Beinamen „**German Coast**" erhielt und Orte wie Augsburg, Karlstein, Gretna oder Marien entstanden.

Angesichts der Rolle der Franzosen bei der Besiedelung verwundert es nicht, dass New Orleans die einzige Großstadt in den USA ist, in der der **Katholizismus** dominiert, dass hier der Erzbischof sitzt und über die Hälfte der Bevölkerung katholisch ist. Allerdings verhält sich hier die Kirche weit weniger dogmatisch-moralisch als vielmehr liberal und tolerant – dem „Stadtklima" angepasst.

New Orleans ist stolz auf einige **große Namen:** Louis Armstrong, Fats Domino, Mahalia Jackson, Al Hirt, die Neville Brothers, Wynton Marsalis oder Randy Newman sind Vertreter der großen Musiktradition der Stadt, George Washington Cable, Truman Capote, Walker Percy, Tennessee Williams, Julie Smith und Anne Rice große Schriftsteller und John Goodman, Barbra Streisand oder Ellen DeGeneres bekannte Schauspieler/Entertai-

◄ *Musik und Lebensfreude, Toleranz und Müßiggang gehen in New Orleans eine einmalige Symbiose ein*

ner. Ernest J. Bellocq machte Karriere als Fotograf und ging in den Etablissements von Storyville ein und aus. Ebenfalls stadtbekannte Persönlichkeiten waren die Baroness Pontalba, Marie Laveau, Kate Chopin, Alice Heine oder Madame LaLaurie.

Was alle New Orleanser verbindet und zugleich vom Rest der USA absetzt, ist ihr Wesen, ihr **Lebensstil**. New Orleans ist keine typische Südstaatenstadt – dazu waren und sind Entstehung, Geschichte, Architektur und Klima, Dialekt und Küche zu verschieden vom Rest des Südens. Das eindeutig südländische Temperament der Bewohner hängt sicher auch mit dem **Klima** – der dumpf-feuchten Hitze und den häufigen, sintflutartigen Regenfällen – zusammen. Durchsetzungsvermögen und Entschlossenheit, Stolz und Traditionsbewusstsein gehören zu den Charakteristika der Einheimischen ebenso wie das Hinwegsetzen über Zwänge und Verbote. Wie schon Henry Miller feststellte, regieren hier Genussfähigkeit und Müßiggang, Toleranz und Liberalität – und nicht zuletzt uneingeschränkte Lebensfreude. Dazu gesellt sich eine unvorstellbar große Freundlichkeit, Hilfsbereitschaft und Redseligkeit – Züge, die New Orleans zu einer besonderen Stadt machen.

Geografie und Klima

Die Lage in einem Bogen des Mississippi verhalf der Stadt zu einem ihrer Spitznamen: **Crescent City** (*crescent* = Mondsichel). Im Süden begrenzt vom Fluss und im Norden vom größten Süßwassersee der Südstaaten, dem Lake Pontchartrain, ist New Orleans eigentlich eine Halbinsel – man bezeichnete sie deshalb auch als **Isle d'Orleans**. Diese spezifische Geografie hatte zumindest bis zum Bau der ersten Brücke 1958 eine gewisse Isolation zur Folge, brachte aber auch eine eigenständige kulturelle Entwicklung und das Festhalten an Traditionen mit sich und setzte dem Flächenwachstum natürliche Grenzen.

Zwar sind es noch rund 160 km bis zur Mississippi-Mündung am Golf von Mexiko, doch die Stadt liegt bereits im **Schwemmland des Mississippi-Deltas**. Mit Ausnahme von French Quarter und Garden District liegt die Stadt **bis zu 1,70 m unter dem Meeresspiegel**. Die Trockenlegung großer Teile des einstigen Sumpfgebiets um die Altstadt hat den Boden komprimiert und absinken lassen, deshalb bilden heute große Teile der Stadt eine Schüssel zwischen Mississippi und Lake Pontchartrain und müssen durch Deiche geschützt werden.

Umgeben von einem riesigen Eichen-Zypressen-Sumpf und durchzogen von zahlreichen Bayous – ein aus der Choctaw-Indianersprache stammendes Wort für die versumpften Altwasserlandschaften – liegt der südliche Teil Louisianas auf dem Breitengrad von Kairo und weist **feuchtwarmes, subtropisches Klima** auf. Wenig angenehm ist dabei die hohe Luftfeuchtigkeit von 60 bis 70 %, die den Schweiß aus allen Poren treibt, aber auch zur Folge hat, dass Bananenbäume zum Stadtbild gehören. Berühmt-berüchtigt sind die Regengüsse: New Orleans steht mit rund 1790 mm Niederschlägen im Jahresdurchschnitt auf der Liste der regenreichsten US-Städte an zweiter Stelle hinter Mobile/Alabama. Am meisten Regen fällt im Juli.

Hurricanes und **Überschwemmungen** bedrohen von jeher die Stadt. Nicht ohne Grund wurde sie spaßhaft „The city built where God never intended a city to be built" („Die Stadt, die dort gebaut wurde, wo Gott niemals eine vorgesehen hat") genannt. Seit der ersten Trockenlegung 1904 mittels Pumpen sind zwar die Vorbeugungsmaßnahmen verbessert worden, doch wie standhaft Deiche sein können, zeigte die Katastrophe von 2005.

Das Bild vom träge dahinfließenden **Mississippi** trügt. Der Fluss ist bis zu 45 m tief, bis zu 600 m breit und transportiert in der Sekunde etwa 13 Mio. Liter Wasser! Weitere Flüsse wie der Atchafalaya und über 40 Seen bilden die **Wetlands** (Marschland und Sümpfe), eine Landschaft mit einem an sich ausgewogenen Verhältnis zwischen Süß- und Salzwasser. Erst der Mensch, besonders auf der Suche nach Öl, bedroht seit einigen Jahrzehnten zunehmend diese Feuchtgebiete, die eine wichtige Schutzzone bei Hurricanes und Überschwemmungen, aber auch bei Ölkatastrophen wie den „Oil Spills" 2010, bilden.

Wirtschaft und Tourismus

Die Zeiten sind vorbei, als Baumwolle, Zuckerrohr, Reis und Indigo allein die Geschicke von New Orleans und Louisianas bestimmten. Heute spielen für die Region **Erdöl** und daraus hergestellte Produkte, **Handel** (Hafen), **Dienstleistungsgewerbe**, **Tourismus** und – mit Abstand – **Landwirtschaft** sowie **Fischerei** die wichtigste Rolle im Wirtschaftsleben.

Louisiana liegt strategisch günstig am Golf von Mexico, an der Mündung des Mississippi River, verfügt über einen 23.330 km langen Inlandswasserweg und fungiert dadurch als Zugangstor für das stark industrialisierte Mississippi River Valley und als wichtiger Exportknotenpunkt für Waren in den amerikanischen Mittelwesten. Der Staat verfügt über mehrere Tiefwasserhäfen und schlägt dort 475 Mio. Tonnen Waren (v. a. Container) um, darunter fast die Hälfte aller amerikanischen Getreideexporte, dazu Chemikalien, Stahl, Öl und Kohle.

Der **Port of New Orleans** ist Teil eines Hafenkomplexes, der sich die ganze Mississippi-Schleife entlangzieht und bis nach Baton Rouge hinaufreicht. Der **Hafen** gibt allein in New Orleans über 100.000 Menschen Arbeit. Vor allem werden Erdöl, Stahl, Gummi, Getreide, Bauholz, Kupfer und Container mit Geräten, Lebensmitteln u. a. Konsumgütern umgeschlagen, dazu kommt Kaffee. In Sachen Güterumschlag konkurriert man mit den Häfen von Rotterdam und New York um den Toprang.

Einen zweiten Platz nimmt Louisiana in der **Erdölproduktion** ein, seit es nach den fetten Jahren von 1930 bis 1980 die Vormachtstellung an Texas abtreten musste. Daneben verfügt der Staat über etwa 5 % des **US-Erdgasvorkommens**. In den letzten Jahren hat sich die Petrochemie erholt. Der **Chemical Corridor** mit seinen aufgereihten Raffinerien zwischen New Orleans und Baton Rouge legt qualmend und stinkend Zeugnis davon ab. In den letzten Jahren verlagerte sich die Ölförderung zunehmend auf den Meeresboden *(offshore)*. Die möglichen Folgen zeigte der **Deepwater Horizon Oil Spill** im Golf zwischen April und September 2010.

Im „**Ruhrgebiet am Mississippi**" werden neben Öl, Raffinerie- und petrochemischen Produkten – diese Sparten garantieren allein etwa 17 % aller Jobs in Louisiana – v. a. Salz, Schwefel, Erd- und Flüssiggas produziert. In verstärktem Ausmaß „kaufen" sich internationale Firmen ein, besonders chemische Industrie und Raffinerien.

In der **Landwirtschaft** fand ebenfalls ein Wandel statt: Das bis Ende des 18. Jh. bevorzugt gepflanzte Indigo wurde vom **Zuckerrohr** abgelöst, das heute noch neben Reis und Baumwolle, Süßkartoffeln und Pecannüssen angebaut wird. Die **Fischereiindustrie** Louisianas nimmt nach Alaska Platz 2 ein, doch diese traditionelle Einkommensquelle scheint durch künstlich angelegte Industriekanäle und das 2010 beim „Oil Spill" ausgelaufene Erdöl gefährdet. Reisfelder werden heute nach der Ernte geflutet und zu Crawfish- oder Shrimp-Aufzuchtfarmen umfunktioniert und neue Aquakulturen sorgen für die erforderlichen Mengen an den begehrten Austern und *catfish* (Wels).

Vermehrt verlässt sich die Stadt New Orleans auf ihr drittes Standbein, den **Tourismus**. Das Dienstleistungsgewerbe verhilft über 70.000 Menschen zu Arbeit und der Tourismus stellt somit die Haupteinnahmequelle der Stadt dar. Nach der Katastophe von 2005 haben sich die Besucherzahlen mittlerweile wieder erholt. 2004, ein Jahr vor Katrina, waren über 10 Mio. Besucher in die Stadt gekommen – zuletzt waren es immerhin schon wieder 8,3 Mio. – mit steigender Tendenz – und sie lassen über $ 5 Mrd. in der Stadt. Unter den internationalen Besuchern folgen Deutsche denen aus Kanada, Großbritannien und Frankreich. Die meisten US-Besucher kommen geschäftlich zu Messen und Kongressen oder zu Sportereignissen. New Orleans verzeichnet einen florierenden Messetourismus und im Convention Center finden an die 2000 Events pro Jahr statt.

Ein enormer Besucherandrang (etwa 1 Mio. Menschen) ist während **Mardi Gras** zu verzeichnen, aber auch Sugar Bowl, Essence Music Festival oder Jazz & Heritage Festival sorgen für klingende Kassen. Zudem gilt der Hafen (Julia Street Wharf) als wichtiger **Kreuzfahrthafen** mit über 700.000 Passagieren jährlich. Flusskreuzfahrten auf dem Mississippi, aber auch Karibikkreuzfahrten steuern New Orleans an. Nach Jahren des großen Booms mit der Legalisierung des **Glücksspiels** in Louisiana 1991 hat sich die Euphorie gelegt. Schließlich hat die Stadt mehr zu bieten als das 1999 eröffnete Kasino Harrah's – das jedoch über 2000 Arbeitsplätze bietet.

Ein relativ neuer Industriezweig, der derzeit in ganz Louisiana boomt, ist die **Filmindustrie**: Sümpfe, Plantagenhäuser und Live Oaks (Quercus virginiana, immergrüne Eichen) sind beliebte Motive, auch für Werbespots. 1908 wurde als erster Film „Faust" produziert, 1918 folgte ein Tarzan-Film, dann Verfilmungen von Romanen von Südstaatenautoren wie „Evangeline" (1929) oder „A Streetcar Named Desire" (1951/84). Seither sind Stadt und Region beliebte Filmkulissen, zuletzt für Filme wie „Schultze gets the Blues" (2004), „The Green Lantern" (2010) oder die TV-Serie „Tremé" (HBO). Informationen dazu gibt es im Internet unter www.filmneworleans.org.

Auch im **Bildungssektor** behauptet sich New Orleans. Es gibt insgesamt neun Hochschulen, darunter die staatliche University of New Orleans als größte, gefolgt von Tulane, Loyola und Xavier. Das in der Stadt angesiedelte Medical Center der Louisiana State University genießt landesweit hohes Ansehen.

Am Puls der Stadt
Leben in der Stadt

Stadtökologie

Ein wunder Punkt in New Orleans ist die **Umweltverschmutzung**. Hier machen sich die locker-südländische Lebensweise und die Heerscharen von Touristen eher negativ bemerkbar. Läuft man frühmorgens durch das French Quarter, v. a. durch die Bourbon Street, erschrickt man angesichts der Massen von Unrat und Schmutz. Plastikbecher prägen das Straßenbild, bis die Spuren des Nachtlebens durch die Straßenreinigung entfernt werden.

Der Stadtkern unterschied sich schon immer von dem Zentrum anderer amerikanischer Städte, die nur tagsüber belebt, nachts aber ausgestorben sind. Rund um die Uhr tummeln sich im French Quarter Menschen und hier befinden sich die teuersten Immobilien – neben Lakeview und Uptown. Im Zentrum gibt es hübsch herausgeputzte Häuschen, aber nur ein paar Straßen weiter bröckelt dann wieder der Putz, die Installationen sind mittelalterlich und statt hübsch begrünter Gusseisenbalkone fallen heruntergekommene Gebäude ins Auge. Renovierungs- und Verschönerungsmaßnahmen sind überall im Gange, so z. B. in Tremé. Vielleicht kann auch dieses aus der gleichnamigen TV-Serie bekannte Viertel wie einst der Warehouse District durch **Renovierungsprogramme** reanimiert werden.

Die Hauptschuld an der Verschmutzung von Luft und Gewässern trägt die **petrochemische Industrie** – zuletzt war der **Deepwater Horizon Oil Spill** zwischen April und September 2010 weltweit in den Schlagzeilen. Auch wenn es inzwischen ruhig geworden ist, stellt sich nicht nur die Frage, wie sinnvoll die Fortsetzung der Ölbohrungen im Meer ist, sondern auch, was aus all dem ausgelaufenen Erdöl

▲ *Die Ölindustrie im Chemical Corridor ist ebenso einträglich wie umstritten*

geworden ist und wie das Meer und die Küstenregion die Verschmutzung letztendlich verkraften werden (Infos: www.restorethegulf.gov bzw. http://response.restoration.noaa.gov). Der **Chemical Corridor** macht Louisiana zu einem der schlimmsten Wasserverschmutzer unter den US-Staaten. Gab es früher Meeresgetier in Hülle und Fülle, macht sich jetzt deutlich ein Rückgang bemerkbar. Das Baden im Lake Pontchartrain ist seit Jahren untersagt und Fische sind dort so gut wie ausgestorben.

Das Ökosystem des ausgedehnten Küstenmarschlands, der **Wetlands**, ist stärker gefährdet denn je, da v. a. durch Kanalbauten das empfindliche Gleichgewicht zwischen Süß- und Salzwasser zunehmend aus den Fugen gerät. Versuche, die Sumpf- und Marschregionen zu schützen, laufen in den letzten Jahren vermehrt. Naturschutzparks und Einrichtungen wie das **Audubon Nature Institute** oder der mehrteilige **Jean Lafitte National Historical Park & Reserve** setzen sich für den Erhalt gefährdeter Tiere und Pflanzen ein und versuchen zugleich, Besuchern die Augen zu öffnen. Das **Audubon Center for Research** mit Laboratorien, Informations- und Forschungszentrum sowie einer Tierklinik widmet sich ebenso dem Erhalt seltener Tierarten wie das **Freeport-McMoran Audubon Species Survival Center.**

Heißes Diskussionsthema in Umweltschützerkreisen sind die **Swamp Tours.** Die Unternehmen, die mit mehr oder weniger großen und lauten Airboats in die Bayous vordringen, die Tierwelt aufschrecken und die Flora zerstören, schmücken sich zwar vielfach mit dem Attribut „ökologisch", doch sie halten dieses Versprechen meist nur zum Teil.

Musik im Blut

Wie keine andere Stadt der Welt hat New Orleans Musik im Blut. Jazz, Cajun, Zydeco, Swamp Pop, Blues, Jazz, Funk, Soul, Country, Gospel, Brass Bands – die Liste der Musikrichtungen ist ebenso lang wie jene der Musiker aus der Stadt. Wer New Orleans besucht, wird schnell selbst von ihrem besonderen Rhythmus ergriffen und swingt mit ...

Dank Louis Armstrong, dem berühmtesten Sohn der Stadt, hat es sich längst herumgesprochen: New Orleans ist die **Heimat des Jazz.** Das bestätigt sich an jeder Straßenecke, auf jedem Platz und in jeder Kneipe. Allerdings hat die Stadt mehr zu bieten: 1796 wurde hier die erste Oper in Nordamerika aufgeführt und außer Jazzlegenden wie Armstrong, Fats Domino, Harry Connick Jr. oder zuletzt

Satchmo – Louis Armstrong

„(In diesem Häuserblock) wimmelte es von frommen Kirchgängern, Bankrotteuren, Spielern, kleinen Zuhältern, Dieben, Prostituierten und Schwärmen von Kindern; da gab es Bars, Saloons, Cabarets und sogenannte honky tonks, übel beleumdete Tanz-Cabarets …" In diesem Milieu, in Back o'town - wie Louis Armstrong den **„Hinterhof" von New Orleans** in „Mein Leben in New Orleans" (1953) nannte -, wuchs er auf.

Von der **Mutter**, einer **drogenabhängigen Prostituierten**, sah er nicht viel, erst recht nicht vom **Vater**, der, nachdem Louis am 4. Juli 1900 das Licht der Welt erblickt hatte, das Weite gesucht hatte. Er wuchs im **Waisenhaus** für schwarze Kinder auf, wo einer der Lehrer Louis' **musikalisches Talent** erkannte und förderte. Mit 18 übernahm Armstrong seinen ersten Fulltime-Job als Trompeter in der Band von Edward Kid Ory, um sich anschließend seine Brötchen klassisch auf einem Raddampfer zu verdienen. Wie viele Musiker vor ihm zog es auch ihn nach **Chicago,** wo er 1923/24 Mitglied von Joe „King" Olivers Creole Jazz Band war und erste Plattenaufnahmen machte. Seine ersten eigenen Bands, die Hot Five und

Am Puls der Stadt
Musik im Blut

die Hot Seven in den 1920er-Jahren, sind jedem Jazzfan ein Begriff.

Dass **„Satchmo"** seinen Spitznamen während einer Europatournee Anfang der 1930er-Jahre in England erhalten haben soll – wegen seines großen Mundes, englisch „satchel mouth" –, ist kaum bekannt. Der immer gutgelaunte, umgängliche Armstrong machte sich auch in der **Filmindustrie** einen Namen. Er trat in rund 60 Filmen auf, seine berühmteste Rolle dürfte die in „High Society" gewesen sein. 1947 kehrte er in seine Heimatstadt zurück und fungierte zwei Jahre später als **„King of Zulu"**, als Oberhaupt der bedeutenden afroamerikanischen Mardi-Gras-Gesellschaft. In Afrika (1956) und erneut in Europa (1959) unterwegs, kannte der Jubel, der Satchmo entgegengebracht wurde, keine Grenzen, allerdings bremste ein erster **Herzanfall** vorübergehend seine Schaffenskraft.

Die Charakterisierung Truman Capotes, der Armstrong 1928 während eines Auftrittes auf einem Schiff traf und als „grinsenden braunen Buddha" bezeichnete, trifft die Wahrheit nur zum Teil. Satchmo war Optimist und lieferte seelenvolle „good time music", doch dahinter steckte ein anderer, ernsterer Armstrong. Jener verbrachte viel Zeit am Schreibtisch, verfasste **Zeitungsartikel** und **Kolumnen** und schrieb seine Erinnerungen akribisch nieder. Armstrong, der von Charlie Parker und Miles Davis verehrt wurde und in Musiklexika als „größter Jazzmusiker aller Zeiten" geführt wird, übt bis heute – Jahrzehnte nach seinem Tod im Jahr 1971 – Einfluss auf die moderne Jazzmusik aus.

Trombone Shorty traten hier die Gospelsängerin Mahalia Jackson ebenso auf wie der Cajun-Music-Star Beau Jocque, die Country-Legenden Tim McCraw oder die Kix Brooks (Brooks & Dunn), Sammy Kershaw und Britney Spears.

Die wohl berühmtesten Musikerfamilien aus New Orleans heißen Marsalis und **Neville**. 1986 war den Brüdern Aaron, Cyril, Charles und Art Neville mit dem Album „Yellow Moon" der Durchbruch gelungen. Dies und die große Ehre, das Jazz & Heritage Festival alljährlich beschließen zu dürfen, sorgten dafür, dass die typisch New Orleanser Mischung aus Jazz, Blues, Funk und Soul, untermalt von Aarons vibrierender Falsettstimme, um die Welt ging. Zur Familie gehören außerdem Charmaine, die regelmäßig bei der Lundi Gras Party und im Snug Harbor auftritt, Ivan, der Sohn von Aaron, der mittlerweile in der Band mitspielt, sowie Ian, Aaron Jr., Jason und Omari.

Der Name **Marsalis** ist in der Jazzszene seit Langem gleichbedeutend mit hoher Qualität. Vater Ellis (Piano und Gesang) kann dabei stolz auf seine vier talentierten Söhne sein: Jason (der jüngste), der an dem NOCCA seine Schlagzeugausbildung absolvierte, Delfeayo (Posaunist), Saxo-

◀ *Louis Armstrong – hier eine Büste im nach ihm benannten Park* ❿ *– wurde in den „Hinterhöfen" von New Orleans groß*

Musik im Blut

EXTRATIPP

Tipp für Musikliebhaber

Die **Louisiana Music Factory** (s. S. 17) ist auf jeden Fall ein Muss für jeden Musikliebhaber. Der altmodisch wirkende, schlauchartige Laden bietet dem Besucher nicht nur eine enorme Auswahl an CDs aller lokaler Musikrichtungen, man wird hier auch noch fachkundig beraten und kann es sich an Hörstationen gemütlich machen. Und wer Livemusik mag, kann an Samstagnachmittagen auch gleich bei kostenlosen Livekonzerten dabei sein. Im Obergeschoss des Ladens gibt es zudem Platten – es sind auch Raritäten dabei – und außerdem Poster und T-Shirts.

▼ *Gratiskonzert von David Egan in der Louisiana Music Factory*

fonist Bradford, der sich auf klassische Interpretationen spezialisiert hat, und – der Bekannteste der Familie – Wynton. Als Trompeter und ehemaliger NOCCA-Absolvent gehört er zu den Topstars der modernen Jazzszene.

Ebenfalls viel zu hören sind **Cajun Music** und **Zydeco**, die heißen Rhythmen aus dem Sumpfgebiet des Mississippi-Deltas. Während Cajun Music eher die „Volksmusikvariante" mit traditionellen Instrumenten wie Fidel, Akkordeon, Frottoir (ein metallenes Waschbrett, das mit dem Löffel geschlagen wird) und Triangel ist, kommen beim Zydeco andere Instrumente dazu. Diese modernere Variante aus Cajun, Blues, karibischer und afrikanischer Musik wird vor allem von schwarzen Kreolen aus dem südlichen Louisiana dargeboten und erlebt dank Musikern wie Geno Delafose, Chris Ardoin oder Rosie Ledet derzeit einen Boom.

Die lange Tradition der **Brass Bands**, der unvergleichlichen Blasmusikgruppen aus New Orleans, die ursprünglich Beerdigungszüge begleiteten, lebt in Gruppen wie der Dirty Dozen Brassband oder der Rebirth Brass Band fort.

New Orleans entdecken

Orientierung

Mississippi und Lake Pontchartrain begrenzen New Orleans auf einen etwa 8 bis 12 km breiten Korridor. Es wäre allerdings nicht New Orleans, hieße hier nicht alles anders: Begriffe wie **Vieux Carré, Downtown, Uptown, Downriver, Upriver, Lakeside** *oder* **Riverside** *teilen die Stadt ein – Himmelsrichtungen sind hier außer Kraft gesetzt. Also aufgepasst:* **up/down** *bezieht sich auf die Fließrichtung des Mississippi.* **Uptown** *liegt also im Westen,* **Downtown** *im Osten,* **Lakeside** *im Norden (am See), und* **Riverside** *im Süden (am Mississippi). So liegt z. B. alles am Fluss oder die Straßen, die dorthin führen, "riverside", und steht man am Jackson Square und will durch das French Quarter zum St.-Louis-Friedhof, geht man nicht nach Norden, sondern Richtung "lakeside".*

Eine der wichtigsten Straßen der Stadt ist die **Canal St.** ㉒*, sie trennt die Alt- von der Neustadt und an ihr wechseln die Straßen ihre Namen. Die Nummerierung der Häuser erfolgt nach Blocks (1. Block 1–100, 2. 101–200 usw.). Besonders einfach ist die Orientierung im* **French Quarter**, *da das ca. 1400 x 800 m große Areal als Gitternetz angelegt wurde. Der* **älteste geschlossene historische Stadtkern** *der USA, seit 1936 unter Denkmalschutz, umfasst etwa 90 Blocks und wird begrenzt durch Canal St., Esplanade Ave. [G3], Rampart St. [D3] und den Mississippi. Das Zentrum bildet der Jackson Square* ①.

Sehenswerte Viertel *außerhalb des* **Central Business District (CBD)** *und des* **French Quarter** *sind der* **Garden District** ㉛ *und* **Uptown** ㉜ *mit Audubon Park und Tulane University sowie der* **City Park** ㉝. *Die feinen Viertel der Stadt liegen in Uptown.* **Back o'town** *– der "Arsch der Stadt" – befindet sich hingegen nördlich des French Quarter, in* **Tremé** ⑩ *bzw.* **Storyville** *– einem traditionell schwarzen Viertel.*

Auf der **Westbank**, *dem Westufer des Mississippi, lohnt die Ortschaft Gretna* ㊱ *einen Ausflug, während sich auf der* **Eastbank** *der größte Vorort von New Orleans, Metairie, sowie Kenner (Airport) und, flussabwärts, Chalmette mit dem berühmten Schlachtfeld von 1815* ㊲ *befinden. Die sogenannte* **North Shore**, *jenseits des Lake Pontchartrain (Slidell, Covington, Mandeville) wird v. a. von Pendlern bewohnt und ist über die 40 km (!) lange Causeway Bridge zugänglich.*

Charles Dudley Warner, Autor des Harper's Magazine, war sich schon 1889 nicht sicher, ob New Orleans das kosmopolitischste aller Provinznester oder die provinziellste aller kosmopolitischen Städte sei. Darüber streiten sich bis heute Bewohner und Besucher der Stadt am Mississippi, die sich selbst gern als „Big Easy" bezeichnen.

In der Tat ist New Orleans im Vergleich zu anderen amerikanischen Metropolen eine überschaubare Stadt – das Leben findet vor allem im **French Quarter** oder, wie die Ein-

◀ *Vorseite: Ein etwas ungewöhnliches Hurricane-Katrina-Denkmal (s. S. 79)*

heimischen sagen, im **Vieux Carré** (gesprochen: „view ca-ray"), und im anschließenden **Warehouse District**, einem Teil des Central Business District (CBD), statt. Daneben spielt noch die amerikanische „Ursiedlung", der **Garden District**, zwischen den beiden Hauptachsen St. Charles Ave. und Magazine St. eine Rolle. Für einen Kurztrip genügen diese drei Viertel eigentlich vollkommen, doch gibt es weitere besuchenswerte Areale: Uptown um den **Audubon Park** beispielsweise, der **City Park**, die „gute Stube" der Stadt, oder aber die **Cemeteries**, die berühmten Totenstädte.

French Quarter – Vieux Carré

„Laissez les bons temps rouler – Let the good times roll!" – der erste Eindruck vom French Quarter bestätigt alles, was man über die Stadt gehört hat: Hier darf ein Amerikaner das tun, was ihm woanders verwehrt ist, z. B. die offene Zurschaustellung nackten Fleisches oder der Alkoholgenuss in der Öffentlichkeit. Hat man jedoch die Bourbon Street hinter sich gelassen, zeigt sich das Vieux Carré von einer morbide-schönen und weltweit einzigartigen Seite.

In die katholische Hochburg der USA reisen viele Amerikaner gerne, schließlich darf man sich hier so austoben wie sonst vielleicht nur noch in Las Vegas. Früh am Morgen, wenn die Reinigungstrupps die Spuren der Nacht beseitigt haben, lässt sich beim Bummel durch die Gassen das French Quarter von einer anderen Seite kennenlernen.

Bekannt von Kalenderbildern und Fotos ist die **typische Bauweise** im French Quarter: Eingeschossige, schmale *cottages*, wie sie auch in der Karibik zu finden sind – v. a. entlang Orleans, Burgundy oder Dauphine St. –, bilden den einen Typus, zwei- oder dreigeschossige Häuser in europäischer Bauweise mit ihren berühmten schmiedeeisernen Balkonen den anderen. Sie prägen v. a. das Herz der Stadt um Bourbon und Royal Street.

Wer glaubt, im **Vieux Carré** träte die französische Vergangenheit der Stadt zutage, irrt gewaltig. Die französische Komponente mag zwar die Stadt und ihre Bewohner bis heute prägen, was Sprache und Lebensweise angeht, doch das architektonische Erscheinungsbild ist insgesamt eher spanisch als französisch. 1788 und 1794 zerstörten große Brände viel von der Originalbausubstanz und das anschließende Wiederaufbauprogramm fiel in eine Epoche spanischer Herrschaft. Korrekt müsste das French Quarter demnach auch „**Spanish Quarter**" heißen.

Sein besonderes Flair erhält das Viertel durch die kaum 4000 **Vieux-Carré-Bewohner** unterschiedlicher sozialer Schichten, Rassen und Herkunft – ausgerissene Jugendliche gehören ebenso dazu wie „Quarter-

> **EXTRAINFO**
>
> **Öffentlicher Nahverkehr im French Quarter**
> Busse und Bahnen passieren das French Quarter nur am Rand. Es kann mit der **Riverfront Streetcar** bzw. den **Bussen Nr. 5 und 55** (mehrere Haltestellen zwischen Canal St. und French Market) oder mit der **Canal bzw. St. Charles Streetcar** (Stopps an der Canal St. zwischen Harrah's Casino/Riverfront und N Rampart/Basin St.) erreicht werden.

French Quarter – Vieux Carré

Snobs", Intellektuelle, Künstler und Alteingesessene. Diese bunte Mischung spürt man besonders jenseits der touristischen Zentren – *downriver,* etwa östlich der St. Ann Street, wo das French Quarter in ein ruhiges Wohnviertel übergeht.

❶ Jackson Square ** [E4]

Der Jackson Square ist das pulsierende Zentrum des French Quarter. Bis in die 1850er-Jahre diente er als Parade- und Aufmarschplatz und hieß deshalb auch **Place d'Armes.** 1856 wurde er in eine ansehnliche, begrünte und nachts abgesperrte Anlage verwandelt, woran Baroness de Pontalba (s. S. 62) maßgeblich beteiligt war.

Hoch zu Ross präsentiert sich in der Mitte des begrünten Platzes **Andrew Jackson,** Held der Schlacht von New Orleans 1815. Clark Mill fertigte das **Bronzestandbild** aus 60 Teilen, nachdem er drei Jahre herumexperimentiert hatte. Im Februar 1934 fehlte dann plötzlich der Kopf der Statue, wurde aber wiedergefunden und vorsichtshalber gleich als Kopie in Gips abgegossen.

Die **St. Louis Cathedral** ❷ überragt den Platz und wird wiederum von Cabildo und Presbytère ❸ gerahmt. Besonders am Wochenende herrscht rings um den Platz ein **buntes Treiben** von Besuchern und Einheimischen, Musikgruppen und Künstlern, Wahrsagern und Akrobaten. Die Grünanlage selbst wirkt eher wie eine Oase der Ruhe und Beschaulichkeit.

> **KLEINE PAUSE**
>
> **Kaffeepause**
> Den Besuch von New Orleans könnte man nicht besser beginnen als mit dem Besuch einer der legendären Institutionen der Stadt, dem 24 Stunden geöffneten **Café Du Monde** (s. S. 26) am Rand des Jackson Square. Bei der Eröffnung 1860 diente es vor allem der Verköstigung der Marktfrauen und Hafenarbeiter, heute genießt man am besten früh am Morgen, dann ohne Warteschlangen und Andrang, eine Portion **Beignets** – drei puderzuckerbestäubte, frischgebackene, ungefüllte Krapfen – und dazu einen mit Zichorie angereicherten **Café au lait.**

❷ St. Louis Cathedral * [E4]

Die **St. Louis Cathedral** wurde 1794 nach dem zweiten großen Feuer von 1788 erbaut. Finanziert wurde sie von Don Andreas Almonester de Roxas, dessen Grab sich im Inneren befindet. Der Vorgängerbau stammte aus den 1720er-Jahren und von Stadtbaumeister Pauger. Die Kirche, besonders ihre Fassade, durchlief 1851 eine Modernisierung im Greek Revival Style, seither gilt sie als eine der meistfotografierten Kirchen im Land. Als **Sitz der römisch-katholischen Erzdiözese** von New Orleans ist sie zugleich eine der wenigen Bastionen des Papstes im ansonsten protestantischen Süden der USA.

French Quarter – Vieux Carré

EXTRATIPP

Buchladen für Literaturfreunde

Die schmale Gasse, die zwischen Cabildo und St. Louis Cathedral zur Royal St. führt, die **Pirate's Alley**, ist in Literaturkreisen berühmt: Im Haus Nr. 624 verbrachte einer der berühmtesten Schriftsteller des Südens, **William Faulkner**, einige Jahre seines Lebens. Heute lädt hier der kleine Buchladen **Faulkner House Books** (s. S. 17) zum Schmökern ein.

Hinter der Kathedrale liegt ein (derzeit geschlossener) kleiner Park, der **St. Anthony's Garden** – ursprünglich ein Duellierplatz –, der von einer der Hauptachsen des French Quarter, der **Royal Street** ⓮ begrenzt wird. Die Straße gilt als Mekka der Kunst- und Antiquitätenliebhaber. Östlich der St. Ann Street [E4], wo die Zahl der Geschäfte deutlich abnimmt, fallen konzentriert die für die Stadt so typischen Balkone ins Auge.

❸ Cabildo und Presbytère ★★★ [E4]

Flankiert wird die St. Louis Cathedral von zwei Bauten, die während der spanischen Epoche die beiden Mächte repräsentierten: die weltliche residierte im Cabildo, dem Sitz des Gouverneurs, und die kirchliche im Presbytère. Heute befinden sich in beiden historischen Bauten sehenswerte Ausstellungen.

Im nördlich der Kirche gelegenen **Cabildo**, 1795 bis 1799 als Regierungssitz des spanischen Gouverneurs erbaut, befand sich einst die spanische Stadtverwaltung. Nach dem Louisiana Purchase von 1803 diente das Gebäude bis zum Bau der City (Gallier) Hall fünf Jahrzehnte als Rathaus. Mitte des 19. Jh. wurde das Cabildo auf Wunsch der Baroness de Pontalba (s. S. 62), der die Wohnbauten um den Jackson Square ❶ gehörten, renoviert.

Seit 1908 Teil des **Louisiana State Museum** befindet sich heute in dem Gebäude ein vielseitiges und gut aufgemachtes **historisches Museum**. Es zeigt Exponate aller Art und Schautafeln von der Zeit der Ureinwohner über die Eroberung und Kolonisation bis zur Rekonstruktionsphase nach dem Bürgerkrieg in der zweiten Hälf-

▲ *Die St. Louis Cathedral am Jackson Square*

◄ *Im Café Du Monde gibt es großartige Beignets und Milchkaffee*

te des 19. Jh. Besonders den militärischen Auseinandersetzungen – wie dem Battle of New Orleans, dem Mexican und dem Civil War – und dem kulturell-ethnischen Aspekt (Leben in der Stadt und auf dem Land) wird viel Platz eingeräumt.

Ausgestellt sind überdies Gemälde, besonders Porträts großer Persönlichkeiten v. a. des 18. Jh., und außerdem die Totenmaske Napoleons. Insgesamt trägt eine gute Mischung aus Relikten, kurzen Texten, Grafiken, Karten, Bildern, Kurzvideos und Modellen dazu bei, dass der Besucher einen kurzweiligen Einblick in die Geschichte der Stadt und der Region erhält. Von der Flaggengalerie (10 Flaggen wehten schon in New Orleans!) bietet sich zudem ein guter Ausblick auf den Jackson Square. In dem Museum angegliederten **Arsenal**, 1839 als Waffenlager und Gefängnis entstanden, gibt es Wechselausstellungen zu sehen.

Das östlich der Kirche, ebenfalls an der Nordseite des Platzes stehende **Presbytère** wurde 1791 als Gegenstück zum Cabildo und Sitz der katholischen Diözese geplant, aber erst über 20 Jahre später fertiggestellt. 1853 gelangte das Gebäude in den Besitz der Stadt und diente bis 1911 als „Casa Curial" (Gerichtsgebäude). Heute ist der Bau ebenfalls Teil des **Louisiana State Museum.** Im Erdgeschoss befindet sich seit 2010 (und bis mindestens 2013) die sehenswerte Ausstellung „**Katrina & Beyond,**" die sich eindrucksvoll mit den Ereignissen vor, während und nach den Hurricanes Katrina und Rita im Herbst 2005 beschäftigt.

Im Obergeschoss lohnt sich eine **Mardi-Gras-Dauerausstellung.** Sie gibt einen guten Überblick über die Geschichte des Karnevals und die besonderen Gepflogenheiten in New Orleans. Mittels Kostümen, Masken, Filmen, Hörstationen, Modellen und Nachbauten werden Bälle und Paraden, verschiedene Gesellschaften und Rituale erklärt. Auch den ganz andersartigen Karnevalsbräuchen im Cajun Country ist eine eigene Abteilung gewidmet.

Zum **Louisiana State Museum** gehören außerdem die Old U.S. Mint ⑱, ein Teil der Pontalba Buildings ④ (1850 House) sowie Madame John's Legacy ⑬.

› **Cabildo/Presbytère,** 701 und 751 Chartres St., http://lsm.crt.state.la.us, Di.–So. 10–16.30 Uhr, je $ 6.

④ Pontalba Buildings ★★ [F4]

Die den Jackson Square ① im Osten und Westen flankierenden Pontalba Buildings ließ **Micaela Almonester Baroness de Pontalba** 1849 bis 1851 nach Plänen der damaligen „Stararchitekten" James Gallier Sen., Henry Howard sowie Samuel Stewart auf dem von ihrem Vater Don Andres Almonester geerbten Land erbauen. Die emanzipierte Baroness hatte sich zuvor – trotz ihrer sieben Kinder – von ihrem Ehemann getrennt und Frankreich verlassen, um ihr Erbe in Besitz zu nehmen. Die selbstbewusste Dame ließ dabei auch gleich den Place d'Armes (Jackson Square) nach französischem Vorbild umgestalten und setzte alles daran, den alten Teil der Stadt als Sitz alteingesessener Kreolen-Familien zu erhalten.

Am Jackson Square entstanden zwei **Reihenhausblocks** mit jeweils vier Stockwerken: Ganz oben wohnten die **Sklaven** und im Erdgeschoss befanden sich **Läden,** modern mit Schaufenstern und Zypressenholzfußböden eingerichtet und ohne Verbindung zu den darüberliegenden **zwei Wohnetagen**. Erstmals wurden bei den Bauarbeiten industriell hergestellte Baumaterialien verwendet. Die **fortschrittliche Innenausstattung** mit Gasleitung, Wasserversorgung und WCs sowie separaten Klingeln sorgte dafür, dass diese Wohnungen bald zur feinsten Adresse der Stadt wurden.

1921 erwarb der Philanthrop William Ratcliffe Irby den Komplex und vermachte ihn sechs Jahre später dem Louisiana State Museum. Das Upper Pontalba Building gelangte kurz danach in städtische Hand. 1955 führten beide Besitzer eine groß angelegte Renovierung durch, wobei einige Räume mit zeitgenössischen Möbeln der 1850er-Jahre ausgestattet und zur Besichtigung freigegeben wurden.

Zu besichtigen ist das **1850 House** im Lower Pontalba Building. Hier vermittelt die ehemalige Wohnung des Ehepaares A. A. und Isaac Sovia einen guten Eindruck vom Luxus der einstigen Mietshäuser. Die Möblierung, teils Rokoko, teils gotisierend oder im Empirestil, und die Marmorimitationen, z. B. an den Kaminen, spiegeln den geschmackvollen Lebensstil der kreolischen Aristokratie wider.

› **Lower Pontalba Building/1850 House,** 525 St. Ann St., http://lsm.crt.state.la.us/1850ex.htm, Di.–So. 9–17 Uhr (stündlich Touren), $ 3. Ausgangspunkt von Friends of the Cabildo Walking Tours (s. S. 120).

❺ New Orleans Pharmacy Museum ★ [E4]

Vom Jackson Square sind es nur wenige Schritte zum New Orleans Pharmacy Museum. Der **erste lizenzierte Apotheker der USA**, Louis J. Dufilho Jr., eröffnete hier, in einem kreolischen Stadthaus, 1823 eine Apotheke mit Kräutergarten, in der es auch Voodoo-Artikel gab – ein wichtiges Teilgebiet der damaligen Pharmazie.

› 514 Chartres St., Di.–Fr. 10–14, Sa. 10–17 Uhr, $ 5, www.pharmacymuseum.org

❻ Napoleon House ★ [E5]

Das etwas baufällig wirkende Haus nur wenige Schritte weiter nennt man Napoleon House. 1797 wurde es für Bürgermeister Nicholas Girod erbaut und 1814 mit einem **Anbau für den im Exil lebenden Napoleon** versehen. Er sollte hier, von einigen ehemaligen Offizieren aus seinem Verbannungsort St. Helena befreit, Zuflucht finden. Allerdings sah Napoleon die Neue Welt nicht mehr, er starb vor dem Eintreffen seiner Befreier.

› 500 Chartres St., heute Napoleon House Bar & Restaurant, tgl. außer So. 11–22/23, Mo. nur bis 17.30 Uhr.

❼ Historic New Orleans Collection ★★ [E4]

In der parallel zur Chartres St. verlaufenden Royal St. liegt die Historic New Orleans Collection, ein Forschungszentrum mit Bibliothek, Archiv, Leseraum, Ausstellungsgalerie und Shop. Sie besteht aus mehreren Gebäuden aus dem 18. Jh., wobei das **Merieult House** von 1792 den Kernbereich bildet. Jean François Merieult, ein reicher Händler, hatte dieses Haus zwei Jahre vor dem großen Feuer 1794 erbauen lassen und wie durch ein Wunder blieb es unversehrt. Einer Legende nach soll Napoleon der Frau des Besitzers für ihre prächtigen roten Haare einmal ein Schloss in Frankreich geboten haben, da er dem türkischen Sultan eine rote Perücke schuldete.

Angrenzend an den gut sortierten Laden sind im Haus die **Williams Gallery** (Wechselausstellungen, gratis) und die **Louisiana History Galleries** im Obergeschoss untergebracht. Zum Baukomplex gehören außerdem das **Counting House** von 1794/95 (Veranstaltungen und kostenlose Wechselausstellungen) sowie die **Williams Residence** von 1888 am rückwärtigen Ende des Innenhofes. Dieses Wohnhaus der Familie Williams, die in den 1940er-Jahren eingezogen war, ist exquisit ausgestattet. Ihrem Engagement ist es zu verdanken, dass das French Quarter – damals ein eher unbeliebtes Stadtviertel – wieder zur guten Adresse wurde.

› 533 Royal St., www.hnoc.org, Di.–Sa. 9.30–16.30, So. 10.30–16.30 Uhr, Touren (je $5) durch die Williams Residence Di.–Sa. 10/11/14/15, So. 11/14/15 Uhr und durch die Louisiana History Galleries Di.–Sa. 10/11/14/15 Uhr. Es finden außerdem Wechselausstellungen im Williams Research Center (410 Chartres St.) statt.

❽ Bourbon Street ★★ [E4]

„New Orleans kann dir die Leber ruinieren und das Blut vergiften", schrieb die Krimiautorin Julie Smith einmal – in der **Bourbon St.** versteht man schlagartig, was sie meint – speziell am Abend. Bar reiht sich an Bar, Spelunke an Spelunke und leicht bekleidete Damen versuchen, Kunden anzulocken. Zu den alteingesessenen Kneipen gehört das **Old Absinthe House** (Nr. 240), 1798 bis 1806 erbaut und seit 1826, lediglich mit einer kurzen Unterbrechung während der Prohibition, kontinuierlich in Betrieb. 1870 wurde hier der berühmt-berüchtigte Absinthe Frappé (damals mit echtem, heute mit Absinthersatz, Eis und Mineralwasser) kreiert.

❾ St. Louis Cemetery No. 1 ★★★ [C4]

New Orleans ist nicht nur eine Metropole des Jazz und des Mardi Gras, sondern auch der Friedhöfe, der „Cities of the Dead". Mark Twain spöttelte einmal „New Orleans has no real architecture except that which is found in its cemeteries", und so ganz Unrecht hatte er damit nicht. Insgesamt 42 Friedhöfe sind über New Orleans verteilt und ihre monumentale, aufwendige Grabarchitektur und Weitläufigkeit ließen sie zu eigenen Städten innerhalb der Stadt werden.

Am zentralsten gelegen ist der kleinere St. Louis Cemetery No. 1. Ehe man ihn jedoch durch das Haupttor an der Basin St. betritt, lohnt ein Blick in den **International Shrine of St. Jude – Our Lady of Guadalupe Chapel** (411 N Rampart St.), die älteste noch erhaltene Kirche von New Orleans. 1826/27 in Dankbarkeit für eine überstandene Gelbfieberepidemie errichtet, diente St. Jude's bis 1860 als Beerdigungskapelle für die nahegelegenen Friedhöfe. Innen, am Haupteingang rechts in der Ecke, befindet sich ein besonders kurioses Stück: Die Statue eines Heiligen aus dem 19. Jh., der als „St. Expédite" bekannt wurde. Der Name rührt daher, dass niemand etwas mit der Figur, die in einer Kiste verpackt ankam, anfangen konnte. So übertrug man einfach die Kistenaufschrift „Expédite" (Schnellsendung) auf den Inhalt.

An der Nordseite der viel befahrenen Basin St. liegt der legendäre erste

Gentlemen Pirates

1780 in Südwestfrankreich geboren und in die Westindies ausgewandert, gelangten **Jean** und sein älterer Bruder **Pierre Lafitte** um 1802 ins Louisiana Territory, wo sie unter spanischem Deckmantel ein florierendes Schmuggler- und Pirateriegeschäft betrieben. Ihre Operationsbasis war Grand Terre Island. Die Schmuggelware und das gekaperte Gut wurden von dieser Insel durch die Sumpfregion südlich der Stadt nach New Orleans gebracht.

1814 versuchten die Briten den gewieften Geschäftsmann Jean Lafitte mit Geld zu bestechen und boten ihm einen Job bei der Royal Navy an: Er sollte ihnen helfen, die Stadt zu erobern. Doch Lafitte informierte die US-Behörden über die geplante britische Invasion und US-General Andrew Jackson engagierte daraufhin sofort selbst die „Gentlemen Pirates", mit deren Hilfe die Briten beim Battle of New Orleans am 8. Januar 1815 geschlagen wurden.

Plötzlich wurden die Piraten-Brüder als Patrioten verehrt – und verlagerten ihre Schmuggelgeschäfte nach Galveston Island, ins damals noch spanisch regierte Texas. Einer Legende nach soll Jean, als er versehentlich ein amerikanisches Schiff kapern wollte, vor Scham auf Nimmerwiedersehen davongesegelt sein und einen bis heute unentdeckten Piratenschatz hinterlassen haben ...

168 [E3] **Lafitte's Blacksmith Shop,** 941 Bourbon St. Das baufällig wirkende Haus, das einmal den legendären Lafitte-Brüdern gehört haben soll, beherbergt heute eine beliebte Bar.

▲ *Früher angeblich im Besitz der Piraten-Brüder, heute eine Bar: Lafitte's Blacksmith Shop*

Cities of the Dead

Als New Orleans 1718 gegründet wurde, war es noch üblich, die Toten in der Kathedrale oder entlang dem Flussufer zu bestatten. Schon sieben Jahre später verzeichnete ein alter Plan dann einen ersten Friedhof an der St. Peter St., zwischen Burgundy und Rampart St. Nachdem New Orleans 1762 unter spanische Herrschaft geraten war, beschloss der Stadtrat 1788 die Schließung des alten, überfüllten Friedhofs und ein Jahr später wurde **St. Louis Cemetery No. 1** ❾, *der „andalusische Friedhof", geweiht.*

Hier kam es, im Unterschied zum ersten Friedhof, ausschließlich zu überirdischen Bestattungen, sei es in Grabbauten oder in Mauerschächten. Das Verfahren des **„above ground burial"** *– ausschließlich in New Orleans und Südlouisiana bis heute üblich – entsprach nicht nur südländischen Gewohnheiten, sondern hatte v. a. praktische Gründe: Schlammige Böden, häufige Überschwemmungen, starke Regenfälle und ein hoher Grundwasserspiegel hatten immer wieder zur Folge, dass eingegrabene Tote unfreiwillig ans Tageslicht gelangten. Deshalb wurden anfangs solide, einfache, weiß verputzte Grabhäuschen aus Ziegeln zur Regel. Sie stehen dicht an dicht, sind aber unregelmäßig angeordnet und bergen die übereinandergestapelten Särge von Familienanyehörigen.*

Neben **Familien- und Gemeinschaftsmausoleen** *gab es mehrstöckige Bestattungswände für das einfache Volk. Dabei wurde ein Gewölbe gleich für mehrere Begräbnisse genutzt und weiterverwendet. Kam „Nachschub", schob man die sterblichen Überreste des Vorgängers einfach in den hinteren Schachtteil. Aus ökonomischen Gründen war es üblich, die Überreste nach ein bis zwei Jahren platzsparend zu verbrennen.*

Gemäß der Bevölkerungszusammensetzung waren die Friedhöfe in erster Linie den Katholiken vorbehalten, die Protestanten hatten sich 1805 in der Girod St. einen eigenen Totenacker angelegt, 1828 entstand zudem ein jüdischer Friedhof. Bewirkt durch das Bevölkerungswachstum im 19. Jh. entstanden 1823 **St. Louis No. 2** *(Tremé, N Robertson St.) und 1833 der* **Lafayette Cemetery** *im Garden District* ㉛. *Hier soll der Vizepräsident der Kaufhauskette Neiman-Marcus 1980 getraut worden sein. Er hatte alle Hochzeitsgäste aufgefordert, sich schwarz zu kleiden und das Motto ausgerufen:*

Cities of the Dead

„Bury the past and get married at the same time."

Mit wachsendem Reichtum und Wohlstand wurden die Grabmonumente immer ausgefallener und prunkvoller. Besonders prächtige Beispiele finden sich auf dem **Metairie Cemetery,** dem größten Friedhof der Stadt. Hier machten sich **Grabarchitekten** einen Namen, z. B. Jacques Nicolas Bussière de Pouilly (von 1833 bis zu seinem Tod 1875 in New Orleans tätig), die Brüder Freret, aber auch renommierte Baumeister wie James Gallier und Henry Latrobe. Als Inspirationsquelle benutzte Pouilly seine im Friedhof Père Lachaise in Paris (1804) angefertigten Skizzenbücher. Die Miniaturgebäude waren **Abbilder reeller Bauten,** entstanden in den verschiedensten Stilen - besonders beliebt war der Classical Revival Style - und wurden sehr detailreich und aufwendig mit Schmiedeeisen und Skulpturen geschmückt. Das bauliche Spektrum reicht von ganzen Tempeln über eine Nachbildung des Turms der Winde (Athen) und eine gotische Kapelle bis hin zu Pyramiden, Obelisken und Sarkophagen. Ungefähr 7000 Gräber verteilen sich auf ein Parkareal nach Art englischer Gärten. Der Friedhof war 1872 auf dem ehemaligen Metairie Race Course von 1838 entstanden, die ehemalige Rennbahn ist heute noch an dem Oval der Straße, die um den Friedhof herumführt, erkennbar.

Heute bilden die insgesamt 42 **Cities of Dead** eine besondere Attraktion der Stadt. Abgesehen von den relativ zentral gelegenen Friedhöfen St. Louis No. 1 und 2 sowie dem Lafayette Cemetery gibt es mehrere im Bereich um den City Park: **St. Louis Cemetery No. 3** mit Gräbern alter Kreolenfamilien und der Ruhestätte des berühmten Fotografen Ernest J. Bellocq, **Greenwood Cemetery** und Metairie Cemetery.

★**170** *[bi]* **Greenwood Cemetery,** Metairie Rd./City Park Ave., Anfahrt: Canal Streetcar „Cemeteries" (Endstation). Als Friedhof der Feuerwehrleute gegründet und noch heute im Besitz der Firemen's Charitable & Benevolent Association.

★**171** *[dm]* **Lafayette Cemetery,** 1400 Washington Ave., Anfahrt: St. Charles Streetcar „Washington Ave."

★**172** *[bi]* **Metairie Cemetery,** Metairie Rd., Anfahrt: Canal Streetcar „Cemeteries" (Endstation)

★**173** *[di]* **St. Louis Cemetery No. 3,** Esplanade Ave., nahe Eingang City Park, Anfahrt: Canal Streetcar „City Park/Museum" (Endstation)

〉 Friedhofstouren (s. S. 120). Die Friedhöfe bieten gelegentlich auch selbst Führungen an (Infos am Eingang).

◀ *Der Blick in den St. Louis Cemetery No. 3*

New Orleans entdecken
French Quarter – Vieux Carré

EXTRATIPP

Basin Street Station
Im ehemaligen Bahnhof neben dem St. Louis Cemetery 1 befindet sich seit Kurzem eine Infostelle mit Ausstellung zu einzelnen Sehenswürdigkeiten der Stadt und der Umgebung sowie zur Eisenbahn, da es sich hier um den Bau der Southern Railroad handelt. Sehenswert sind außerdem zwei historische Stadtmodelle.
❶169 [C3] **Basin Street Station – Welcome Center,** 501 Basin St., tgl. 9–17 Uhr, www.basinststation.com, mit Shop

Friedhof der Stadt, **St. Louis Cemetery No. 1,** der 1789 als Nachfolger des alten St. Peter Street Cemetery entstanden ist. Die berühmte Voodoo-Priesterin Marie Laveau wurde hier – unter dem Namen eines ihrer Ehemänner, Luis Christopher Deuminy de Glapion – ebenso bestattet wie Ex-Bürgermeister Ernest N. „Dutch" Morial (1929–89, im Amt 1978–86). Neben Familiengruften überragen aufwendige, marmorverkleidete Gemeinschaftsgräber den Friedhof. Es handelt sich um „Society"-Gräber, wo bestimmte Bevölkerungsschichten der Sparsamkeit halber in einem gemeinsamen Grabkomplex beigesetzt wurden.

Weitere **sehenswerte Gräber** sind u. a. das von Homer Adolph Plessy (1862–1925), des ersten Schwarzen, der durch seinen Kampf gegen die Segregation bekannt wurde. Im rückseitig gelegenen protestantischen Teil befindet sich das Grab der Familie Musson, aus der Edgar Degas stammt. Zu den neueren Grabmälern gehört z. B. das des berühmten „Straßenkünstlers" Kurt Kohl (1914–1997).

❯ Basin St., Mo.–Sa. 9–15, So. 9–12 Uhr, Anfahrt: Canal Streetcar „Rampart St.", dann Bus 57, 88 bzw. 91 „Louis Armstrong Park"
❯ **Infos zu den Gräbern** (mit Karte): http://cml.upenn.edu/nola
❯ **Touren** siehe S. 120

❿ Tremé und Louis Armstrong Park ★ [D2]

Der St. Louis Cemetery No. 1 ❾ und der angrenzende Louis Armstrong Park befinden sich zwar nur zwei Blocks vom French-Quarter-Trubel entfernt, zugleich grenzen sie aber an das traditionelle afroamerikanische Viertel **Faubourg Tremé** an, in dem gegenwärtig Renovierungs- und Modernisierungsarbeiten im Gang sind und in dem sich mittlerweile auch die alternative Szene zu Hause fühlt. Zudem ist Tremé seit 2010 durch eine **TV-Serie** gleichen Titels weit über die Stadt hinaus bekannt geworden. In ihr wird der Alltag der Bewohner des Viertels – Musiker, Köche u. a. Bürger – geschildert, die versuchen, nach Katrina wieder ins normale Leben zurückzukehren.

Der **Louis Armstrong Park** hat natürlich eine Statue des bekanntesten Sohnes der Stadt zu bieten, gleich neben dem **Congo Square,** jenem Platz, der bis zum Bürgerkrieg an Sonntagen als Treff der Sklaven diente. Im Park befinden sich das **Mahalia Jackson Theater for the Performing Arts** (s. S. 33), ein Neubau, und das **Municipal Auditorium** von 1930, in dem Mardi-Gras-Bälle u. a. Veranstaltungen stattfinden. Der Park wird ebenso wie das Auditorium derzeit Renovierungsarbeiten unterzogen.

Früher befand sich ganz in der Nähe das berühmte Rotlichtviertel der Stadt, in dem der Jazz geboren

New Orleans entdecken
French Quarter – Vieux Carré

wurde: **Storyville**. Dieses Viertel zwischen Basin, Iberville, N Robertson und St. Louis Street war bis Anfang des 20. Jh. das Bordell- und Vergnügungsviertel der Stadt. Bereits Mitte des 18. Jh. waren straffällig gewordene Mädchen von Louis XIV. aus Paris nach Louisiana verschifft worden, um den dort herrschenden Männerüberschuss zu mindern. Allerdings kamen dabei nicht nur die von der Kirche erhofften Ehen zustande, sondern es entstanden auch Vergnügungsetablissements. 1897 beschloss die Stadt, zur besseren Kontrolle der Prostitution entsprechende Häuser einzurichten. Die feineren Etablissements wurden durch die Fotografien von Ernest J. Bellocq (1873–1949) berühmt. Als 1913 nach einer Schießerei erst die Musik und dann, vier Jahre später, die Prostitution verboten wurden, verlagerte sich die Jazzszene in den Norden der USA und das „Gewerbe" ins French Quarter.

Storyville verfiel allmählich und wurde später abgerissen, um Sozialwohnungen Platz zu machen. Heute als „Tremé" bekannt, zählt der westliche Teil des Areals – nördlich der Rampart St. und westlich des Armstrong Park – noch immer zu den ärmeren Vierteln, während der östliche, zwischen St. Ann Street und Esplanade Ave., dabei ist, sich zu einem lebhaften und beliebten Wohnviertel zu entwickeln. Hier befindet sich im restaurierten Villa Meilleur House auch das **New Orleans African American Museum** (s. S. 35), das nicht nur Ausstellungen und Veranstaltungen bietet, sondern auch aktiv an Restaurierungsprojekten im Viertel beteiligt ist.

› Anfahrt: Canal Streetcar „Rampart St.", dann Bus 57, 88 bzw. 91 „Louis Armstrong Park"

⑪ Hermann-Grima House ★ [D4]

Das Hermann-Grima House wurde 1831 von dem Architekten William Brand für den **jüdischen Immigranten Samuel Hermann** aus Frankfurt/Main erbaut. Die pompöse Ausstattung zeugt von der luxuriösen und geschmackvollen Lebensweise vor dem Bürgerkrieg, zu deren Aufrechterhaltung hier 70 (!) Haussklaven zum Einsatz kamen. Außerhalb des Hauses, im Innenhof, befinden sich die noch voll funktionsfähige Küche (Vorführungen Okt.–Mai, Do.), die Sklavenquartiere und der Stall. 1844 erwarb die Kreolenfamilie Grima das äußerlich schlichte Haus mit dem umlaufenden schmalen Balkon, seit 1925 befindet es sich im Besitz der Christian Women's Exchange und ist als **Museum** öffentlich zugänglich.

› 820 St. Louis Street, www.hgghh.org, Mo./Di./Do./Fr. 10–14, Sa. (außer Juli/Aug.) 12–15 Uhr, stdl. Touren, $ 10, mit Gallier House ⑮ $ 18.

⑫ New Orleans Historic Voodoo Museum ★ [E3]

Das New Orleans Historic Voodoo Museum ist ein Kuriosum. In zwei eher dunklen, etwas angestaubt wirkenden, engen Räumen und einem Flur

Voodoo – fauler Zauber oder was?

Es war Mittsommernacht, der Mond ging auf und Käuzchen riefen, als **Marie Laveau** den Fluten des Lake Pontchartrain entstieg. Kerzen leuchteten ihr den Weg, als sie zum Großen Altar schritt, um ihr Gebet zur „Großen Mutter" zu sprechen und mit der Python zu tanzen. Halbnackte Kultanhänger schlugen Congotrommeln mit Bussardknochen, tranken das Blut von Katzen, rissen lebendige Hühner auseinander und bissen sich gegenseitig, um das Blut des anderen zu kosten.

Gespenstisch muss man sich die Szenen vorstellen, die sich zu Lebzeiten der bekanntesten **Voodoo-Königin** jeweils in der Nacht vom 23. zum 24. Juni, dem Johannisfest, am See abspielten. Marie Laveau (ca. 1794–1881) hatte als uneheliche Tochter einer Mulattin und eines weißen Pflanzers mit indianischem Blut ihr Handwerk von **Dr. John**, dem legendären Voodoo-Meister, gelernt. Er hatte einen Harem, eine Schlangenfarm und einen Spionagering betrieben und sich selbst als „Senegalesischen Prinz" bezeichnet.

Marie – die „schönste Frau der Stadt" – heiratete 1819 in der St. Louis Cathedral Jacques Paris aus Santo Domingo. Er verschwand jedoch schnell auf mysteriöse Weise und „**Widow Paris**" machte sie sich als Friseuse selbstständig und stieg um 1830 zur **Voodoo Queen** auf. Sie heiratete erneut und lebte mit ihren 15 Kindern, darunter ihre spätere Nachfolgerin, Marie II. (geb. 1827), in der St. Ann Street. Geschäftstüchtig versandte Marie Einladungen zu ihren Riten am See, erhob Eintritt für Congo-Square-Darbietungen, setzte Spitzel ein, die ihr besonders effektive Vorhersagen möglich machten und pflegte gute Beziehungen zu Polizei und Politikern.

Ursprünglich eine **Religion** Westafrikas, mit Zentrum im Königreich von Dahomey (Republik Benin), wurde im **Voodoo** als Hauptgott Zombi (Damballah) in Gestalt einer Riesenpython verehrt. Diese soll nach dem Glauben der Afrikaner den blind geborenen Menschen das Augenlicht verliehen haben. Im 16. Jh. begann sich der Kult mit der Sklaverei erst in der Karibik zu verbreiten, um dann im frühen 18. Jh. nach Louisiana überzuschwappen.

Anfang des 19. Jh. war der Voodoo-Kult in New Orleans fest verankert, verschmolzen mit katholischer Religion, Heiligen- und Marienanbetung. Schwarze Magie, Exorzismus und Spiritismus, Hexerei und Zauberei trieben zunächst ungestört im Verborgenen der Sümpfe und Bayous Blüten, bis eine erste organisierte Voodoo-Zeremonie in der Dumaine St. erlaubt

---

ist Voodoo-Zubehör wie **Fetische, Altäre und andere Devotionalien** ausgestellt. Dazu gehört ein kleiner **Souvenir- und Buchshop** mit Infos zu Zeremonien und Ritualen, Karten- oder Handlesen und Friedhofstouren etc.
> 724 Dumaine St., www.voodoomuseum.com, tgl. 10–mind. 18 Uhr, $ 7.

⓭ Madame John's Legacy ★ [E3]

Madame John's Legacy wurde nach dem großen Brand 1788, dem Great Fire of Good Friday, vom amerikanischen Architekten Robert Jones für den spanischen Offizier **Don Manu-**

New Orleans entdecken
French Quarter – Vieux Carré

wurde. Sensationsberichte von orgiastischen Riten und anderen Exzessen sorgten für Verbote und Razzien und ab 1817 wurden Sklaventreffen nur noch an überwachtem Ort zu festgelegter Zeit erlaubt. Die echten Riten fanden jedoch im Untergrund weiter statt, zumal die High Society inzwischen Gefallen am Voodoo-Zauber gefunden hatte.

Bis heute spielt Voodoo in der Stadt eine Rolle, allerdings sind die Grenzen zwischen Magie und faulem Zauber aufgeweicht. **Voodoo-Shows** werden für **Touristen** nachgestellt und Zukunftsprognosen (Handlesen, Kartenlesen etc.) abgegeben. Kräuter und Devotionalien wie Send-back-evil-Kerzen, Fear-no-enemy-Spray, Get-together-Drops und Fetische - einst bedeuteten nadelgespickte Voodoopuppen vor der Haustüre einen bösen Fluch -, Mojo hands (Stoffsäckchen mit Reptilien, Vogel- und Tierresten) und Gris-Gris (Talismansäckchen) angeboten.

▲174 *[E3]* **Marie Laveau's House of Voodoo**, 739 Bourbon St. Etwas touristisch aufgemachter Voodoo-Laden.

▲175 *[D3]* **Voodoo Spiritual Temple & Shop**, 828 N Rampart St. Queen Miriam veranstaltet Voodoo-Zeremonien und verkauft allerlei kurioses Zubehör.

ckelgeschoss aus Ziegeln, in dem sich Lager, Küche und Keller befanden, und einer Wohnung im Obergeschoss aus Fachwerk mit offener Galerie und weit vorspringendem Dach. Der Komplex besteht aus drei Gebäuden (Haupthaus, Küche und Garconnière) und einem Innenhof.

› 632 Dumaine St., http://lsm.crt.state.la.us/Madam.htm, Di.–So. 10–16.30 Uhr, Eintritt frei. Mit Wechselausstellungen zur Volkskunst. Derzeit geschlossen.

⓴ Royal Street ★★★ [F3]

Eine Besonderheit des French Quarter sind die historischen Bauten aus dem 18. und 19. Jh. Die meisten davon sind für Besucher nicht zugänglich, doch alleine ein Spaziergang auf der Royal Street vermittelt einen unvergleichlichen Eindruck wie einst die historische Altstadt ausgesehen haben mag.

Die Royal St. ist in ihrem Hauptabschnitt als Straße der Galerien (s. S. 36) bekannt, im östlichen Teil bietet sie außerdem gutes Anschauungsmaterial in Sachen **Schmiedekunst und Balkone**. Es lassen sich zwei Arten von Gittern unterscheiden: einmal solche aus *rod iron* (aufwendig per Hand gehämmert und geschmiedet, z. B. Nr. 933), zum anderen solche aus *cast iron* (Gusseisen, maschinell hergestellt, neben und gegenüber Nr. 933). Letztgenannte Technik kam in den 1840er-Jahren auf und wurde erstmals bei den Pontalba-Bauten ❹ verwendet. Gusseisengitter kamen in Mode und wohin man heute blickt, entdeckt man diese nach Katalog bestellbaren und daher weitgehend identischen Teile.

el Lanzos erbaut. Benannt wurde es nach einem Haus in einer Erzählung von George Washington Cable („Tite Poulette"). Bautechnisch handelt es sich um ein **French Colonial Raised Cottage**, ein eher auf dem Land gebräuchlicher Architekturstil mit Veranden vorn und hinten, einem So-

Genau genommen sind damit die meisten Balkone im French Quarter gar nicht spanisch, sondern vielmehr

New Orleans entdecken
French Quarter – Vieux Carré

amerikanisch, was ein weiteres Baudetail bestätigt: Die Spanier bauten ihre Balkone ohne Stützen und eher schmal, während nach amerikanischer Manier die Balkone Galerien glichen, über den ganzen Bürgersteig reichten und mit Stützen versehen waren.

Zu den berühmtesten Bauten der Straße gehört das **Cornstalk Fence Hotel** (915 Royal St.) mit einem prächtigen Eisenzaun. In der Form von Maisstängeln und -kolben, Blüten und Weinlaub gegossen, wurde dieser 1834 per Schiff vom Hausbesitzer Dr. Joseph Secondo Biamenti aus Philadelphia nach New Orleans gebracht.

Eher spanisch als französisch: die Balkone im French Quarter

⓯ Gallier House Museum ★★ [F3]

1857 bis 1860 entstand das Wohnhaus des bedeutendsten Architekten der Stadt, **James Gallier Jr.** 1798 in Irland geboren, war er in die USA ausgewandert und 1834 in New Orleans aufgetaucht. Sein erfolgreiches Büro übergab er bereits 1849 an seinen Sohn, um selbst mit seiner Gemahlin das Leben zu genießen. Beide kamen 1866 bei einem Schiffsunglück um.

Das perfekt restaurierte Haus ist im Stil der Bauzeit möbliert und mit viktorianischem Dekor versehen. Es verfügte bereits über fortschrittliche sanitäre Anlagen (Kalt- und Warmwasser), Klimaanlagen – damals eine revolutionäre und hochgeschätzte Neuerung! – und z. T. begehbare Wandschränke. Für diese musste übrigens wie für Räume separat Steuer entrichtet werden.

Das nicht zu besichtigende **Haunted House** (1140 Royal St.) nebenan

hat eine weniger rühmliche Vergangenheit: Die Besitzerin Delphine LaLaurie soll hier in den 1830er-Jahren ihre Sklaven übel misshandelt haben. Nachdem sogar ein kleines Mädchen auf der Flucht vor ihrer Peitsche zu Tode gestürzt war, behauptete man fortan, es würde hier spuken.
› 1118–1132 Royal St., www.hgghh.org, Mo./Fr. stündlich 10–14 Uhr Touren, Sa. (außer Juli/Aug.) 12–15 Uhr, $ 10, mit Hermann-Grima House ⓫ $ 18

⓰ Old Ursuline Convent ★ [F3]

Das Old Ursuline Convent, 1824 bis 1899 Amtssitz des Erzbischofs und heute Archiv der Erzdiözese, zeigt die **Bedeutung der katholischen Kirche in Louisiana.** Der französische Kolonialbau wurde nach Plänen des französischen Stadtbaumeisters Boudin im Jahre 1745 eröffnet und ist damit wahrscheinlich das älteste erhaltene Bauwerk im gesamten Mississippi Valley. Beim großen Feuer 1788 wurde der verputzte Ziegelbau, der den Eindruck von kostbarerem Stein vermitteln sollte, lediglich leicht beschädigt.

Die Institution entstand auf Initiative französischer Ordensfrauen aus Rouen, die zum Zwecke der Schul- und hygienischen Ausbildung 1727 nach New Orleans geschickt worden waren. Das Kloster diente als Hospital, Waisenhaus sowie als Schule für Plantagentöchter und – was Aufsehen erregte – auch für farbige und Indianermädchen. Nachdem die Nonnen auf einer Plantage ein größeres Domizil gefunden hatten, fungierte der Bau 1824 bis 1899 als bischöfliche Residenz. Darauf bezieht sich auch die Ausstellung im Inneren, die einige Raritäten wie kostbare Kirchengewänder, Dokumente, Möbel und eine sehenswerte alte Zypressenholztreppe zeigt.

Zum Konvent gehört die **St. Mary's Catholic Church** (1116 Chartres St.), 1845 als Chapel of the Archbishops gebaut und zeitweise Our Lady of Victory Church genannt. Anfangs von verschiedenen Einwanderergruppen gleichzeitig benutzt, befindet sie sich heute im Besitz des Ordens der Knights of St. Lazarus und untersteht der Erzdiözese von New Orleans. Berühmt sind die Fresken an der Zypressendecke und die bunten Stahlglasfenster bayerischer Herkunft sowie die alten, nur der Dekoration dienenden Orgelpfeifen.
› 1114 Chartres St., Touren Di.–Fr. 10/ 11/13–15 Uhr, Sa./So. 11.15/13/14 Uhr, $ 5, www.sacred-destinations.com/ usa/new-orleans-old-ursuline-convent

⓱ Beauregard-Keyes House ★ [F3]

Auf der gegenüberliegenden Straßenseite steht das Beauregard-Keyes House, 1826 für Joseph Le Carpentier im Greek Revival Style mit säulengestützter Vorhalle erbaut. Sieben Jahre später zog hier der Schweizer Konsul John A. Merle ein und fügte den Garten hinzu. Ab 1865 diente das Haus 18 Monate lang dem **Südstaatengeneral Beauregard** als Wohnung. Er war für seinen Befehl berühmt geworden, den ersten Schuss des Bürgerkriegs von Fort Sumter abzufeuern. 1944 erwarb die Schriftstellerin **Frances Parkinson Keyes** das Haus und ließ es restaurieren. Sie lebte bis 1970 hier und schrieb Romane wie „Dinner at Antoine's", „The Chess Player" oder „Madame Castel's Lodger", die allesamt in New Orleans spielen.

Im geschmackvoll möblierten Inneren ausgestellt sind die diversen

French Quarter – Vieux Carré

Sammlungen der Schriftstellerin, unter anderem Puppen, Fächer und Teekannen.
› 1113 Chartres St., www.bkhouse.org, Mo.–Sa. 10–15 Uhr stündlich Touren, $ 10

⓲ Old U.S. Mint ★ [G3]

Am Fluss, an der Ostecke des French Quarter, steht der mächtige Bau der Old U.S. Mint. Die **älteste Münzprägeanstalt der USA** wurde nach der Befürwortung durch Präsident Andrew Jackson 1835 von William Strickland – er plante auch die U.S. Mint in Philadelphia – im Greek Revival Style mit ionischen Säulen und mächtigem Gebälk errichtet.

Das repräsentative Gebäude fungierte bis 1861, dem Zeitpunkt, als die konföderierten Truppen einzogen, sowie 1879 bis 1909 als Münzstätte. Zur Blütezeit wurden hier 5 Mio. Münzen im Monat geprägt. Im Erdgeschoss sind noch alte Druckmaschinen und Safes, Dokumente zur Geldherstellung und Münzen zu sehen. Die im Obergeschoss befindliche **NOLA Jazz Club Collection** ist derzeit nicht zugänglich, es gibt lediglich noch eine Infostelle des New Orleans Jazz National Historical Park mit Musikshop im Eingangsbereich.
› 400 Esplanade Ave., http://lsm.crt.state.la.us/Mintex.htm, Di.–So. 10–16.30 Uhr, Eintritt derzeit frei

⓳ French Market ★★★ [F4]

Der French Market besteht nicht nur aus historischen Markthallen, sondern das ganze Areal ist eines der pulsierenden Zentren der Altstadt mit Lokalen und Läden, kleinen Parkanlagen und Straßenmusik, Verkaufsständen und Imbissbuden.

Schon die Choctaw-Indianer nutzten die Stelle zwischen Mississippi und French Quarter, an der sich heute der French Market befindet, als Handelsplatz. Im 18. Jh. diente er den Franzosen als Sklaven- und Lebensmittelmarkt. In dem mehrteiligen Komplex, der sich über insgesamt **fünf Blöcke** erstreckt, gibt es weniger Lebensmittel als vielmehr **Souvenirs aller Art**, von T-Shirts über Modeschmuck und Sonnenbrillen bis hin zu Gewürzen und Soßen, zu kaufen. Dazu warten **Imbissstände** auf hungrige Besucher.

Eines der wichtigsten Einzelgebäude ist der **Old Butcher's** oder **Meat Market**. 1823 von Jacques Tanesse als Nachfolger eines 1812 vom Hurricane zerstörten Gebäudes gegenüber der Südostecke des Jackson Square❶ erbaut, zog hier bereits 1860 das legendäre **Café Du Monde** (s. S. 26) ein. Nach 1948 wurde kein Fleisch mehr verkauft, 1976 erfolgte eine grundlegende Renovierung.

Als nächster Teil folgt der **New Bazaar**, 1870 nach Plänen des afroamerikanischen Architekten Joseph Abeilard erbaut, 1917 zerstört und 1930 wieder aufgebaut. Er diente ursprünglich dem Verkauf von Kleidung, Trockenfrüchten und Blumen und fungierte von den 1930er-Jahren bis 1976 als Obst- und Gemüsemarkt. Die **Place de France** mit einer vergoldeten Statue der Jeanne d'Arc grenzt den Bau vom anschließenden **Riverside Market** ab. Dieser Teil wurde zusammen mit den neuen Flutdämmen und dem Zugang zum Fluss in den 1970er-Jahren neu errichtet.

▶ *Blick in eine der Hallen des French Market mit Verkaufsständen*

French Quarter – Vieux Carré

Der **Old Vegetable Market** (daneben) stammt hingegen schon von 1813 (Joseph Pillé). Heute befinden sich hier v. a. Cafés, Restaurants und Imbissläden. Die anschließenden **Red Stores** dienten ursprünglich dem Verkauf von Trockenprodukten und Fisch, heute sind es meist Souvenirs und Kitsch, und im **Farmer's Market** bieten Händler seit 1936 Obst und Gemüse an. Auf dem **Community Flea Market** (s. S. 18), einem Freiluft(floh)markt davor, gibt es allerhand Krempel.

› Zwischen Barracks und St. Ann Street sowie Decatur St. und Mississippi, www.frenchmarket.org

New Orleans Jazz National Historical Park ★ [F4]

Der New Orleans Jazz NHP ist kein gewöhnlicher Nationalpark, sondern eigentlich nur ein Veranstaltungsraum mit Infostand. Es finden hier regelmäßig **Konzerte**, **Vorträge** und andere Veranstaltungen statt, es gibt interessante **Audiotours** und **Broschüren**

KLEINE PAUSE

Muffuletta oder Drink gefällig?

Die **Central Grocery** (s. S. 25) gegenüber dem French Market ist bekannt für ihre dick mit Schinken, Salami, Käse und Olivensalat belegten Weißbrote, die *Muffulettas*. Ab 17 Uhr kann man sich bei **Tujague's** (s. S. 22) mit einem Drink an der Bar erfrischen und dann butterweichen *Beef Brisket* („Rinderbraten") bestellen.

EXTRATIPP

Wissenswertes über die Region

Mitten im French Quarter informiert das Visitor Center (s. S. 109) des **Jean Lafitte National Historical Park** über die Naturschutzgebiete in Louisiana, historische Ereignisse und kulturelle Eigenarten. Außer der Ausstellung gibt es einen Film und allerlei Infomaterial, außerdem starten hier Gratistouren der Park Ranger.

zur Geschichte des Jazz in bestimmten Stadtvierteln und einen Verkaufsstand für CDs. Auch der **Jazz Walk of Fame** an der Algiers Ferry Landing erinnert anhand von Plaketten an die bedeutendsten Musiker der Stadt.
› 916 N Peters St., Di.–So. 9–17 Uhr, Eintritt frei, www.nps.gov/jazz, regelmäßige Konzerte (kostenlos)

㉑ Riverfront 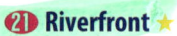 [F4]

Eine aus mehreren Teilen bestehende **Flusspromenade**, die **Riverfront**, verknüpft den alten Stadtkern (French Quarter) mit dem neuen Geschäfts- und Bürozentrum, dem Central Business District (CBD). Der **Washington Artillery Park** verbindet den

Die Ära der „Paddlewheeler"

*1811 begann die legendäre Epoche der **Dampfschifffahrt** auf dem Mississippi. Obwohl die Schiffe nur etwa 25 bis 30 km/h zurücklegten, aus Sicherheitsgründen meist nur tagsüber unterwegs waren und für die Strecke von St. Louis nach New Orleans gut eine Woche brauchten, stellten sie einen enormen Fortschritt dar. In den 1840er-Jahren und 1850er-Jahren erlebten die Dampfschifffahrt – und der **Handel** – eine Blütezeit. Mit riesigen Baumwollballen beladene Schiffe und vollgestapelte Anlegestellen gehörten zum Hafenbild.*

*Obwohl die **„Paddlewheeler"**, die Raddampfer, in erster Linie dem Gütertransport dienten, war auf manchen eine gewisse Anzahl von Fahr-*

gästen erlaubt. In der zweiten Hälfte des 19. Jh. entstanden dann richtige „Schwimmende Paläste", Luxushotels auf dem Wasser, wie die legendäre Aleck Scott, die Grand Turk oder die J. M. White. Gleichzeitig kam der Mythos von „Southern Belles" und „Riverboat Dandys", eine Huckleberry-Finn-Idylle, auf. Dabei war die Realität weit weniger romantisch, denn die „steamboats" waren schmutzig, langsam und gefährlich. Nicht selten führten Navigationsfehler zum Kentern der Boote, und nicht ohne Grund wurden die Schiffe auch „schwimmende Vulkane" genannt: Kesselexplosionen gab es ständig und Unfälle kosteten viele Leben.

*Der Mississippi galt mit seinen 45 schiffbaren Nebenarmen als **unbere-***

New Orleans entdecken
Warehouse und Central Business District

Jackson Square mit dem Flussufer. In dem dort befindlichen kleinen **Amphitheater** an der Decatur St. kann man zu fast jeder Tages- und Jahreszeit Vorführungen von Gauklern, Breakdancern und Musikern sehen. Im Hintergrund fällt die **Jackson Brewery**, kurz **JAX** (s. S. 16) genannt, ins Auge. Diese Brauerei aus der Zeit der Wende vom 19. zum 20. Jh. wurde in ein Einkaufszentrum umgewandelt.

Die Riverfront ist vom French Quarter durch einen Deich und Gleisanlagen, die von den roten Riverfront Streetcars wie auch von zahlreichen Güterzügen frequentiert werden, getrennt. Entlang dem Fluss erstreckt sich in nordöstlicher Richtung – *downriver* – der **Moonwalk**. Der Name rührt nicht von romantischen Mondnächten her, sondern erinnert an den ehemaligen Bürgermeister, Moon Landrieu.

Von der Anlegestelle des *steamboat* Natchez flussaufwärts, verbindet schließlich der **Woldenberg Riverfront Park**, eine Grünanlage mit Eichen, Magnolien, Rasenflächen und Promenade, den Moonwalk mit der Canal St. Das Ende der Promenade markiert das **Audubon Aquarium of the Americas** (s. S. 33).

chenbar und tückisch. Die Navigation war kein Kinderspiel und **Lotsen** *wurden wie Halbgötter verehrt und hatten sogar Befehlsgewalt über den Kapitän. Ihnen oblag es, die schweren Dampfer über den mäandernden Fluss mit all seinen Untiefen, Riffs und Wracks unter sich ständig verändernden Uferbedingungen zum Heimathafen zu manövrieren. Wie* **Mark Twain,** *der selbst den Lotsenberuf erlernt hatte, 1882 in „Leben auf dem Mississippi" eindrucksvoll schildert, bestand die Ausbildung in erster Linie aus dem Auswendiglernen der Strecke, seiner markanten Punkte, Strömungen und Tiefen, und dem ständigen Informationsaustausch über Uferverlauf, Wetterbedingungen und neue Entwicklungen.*

Die **wachsende Bedeutung der Eisenbahn** *ab dem Ende des 19. Jh. leitete den Niedergang der Dampfschifffahrt ein, doch als Handelsweg spielt der Fluss bis heute eine wichtige Rolle. Der Hafen von New Orleans, der sich bis nach Baton Rouge erstreckt, gehört zu den bedeutendsten des Landes und ist führend, was Erdöl und Bodenschätze, Getreide und Kaffee angeht. Rund 100.000 Binnenschiffe und rund 7000 Überseefrachter frequentieren pro Jahr den Fluss, „Paddlewheelers" sind hingegen selten geworden.*

Warehouse und Central Business District

Zwischen dem French Quarter, dem historischen Herzen der Stadt, und dem Garden District, dem weitläufigen Villenviertel aus dem 19. Jh., entstand der CBD (Central Business District) als pulsierendes Geschäftszentrum der Stadt. Nach einer gelungenen Revitalisierung präsentiert sich auch der Warehouse District, ein Teil des CBD, als attraktives Viertel mit Galerien und Museen.

◀ *Der letzte historische Schaufelraddampfer auf dem Mississippi: die Natchez*

Warehouse und Central Business District

Hauptverkehrsadern des CBD sind **Canal** und **Poydras St.** In den 1990er-Jahren wurde ein Projekt namens „Downtown Development District" (ddd) zur **Revitalisierung des CBD** ins Leben gerufen. Der Schwerpunkt der Bemühungen lag im Umkreis der beiden Hauptachsen Poydras und Canal St.. Dort wurden Läden und Restaurants angesiedelt,

A Streetcar named Desire

„From time to time he passed the slowly rocking streetcars that seemed to be leisurely moving towards no special destination, following their route through the old mansions on either side of the avenue", so beschrieb **John Kennedy Toole** *in seinem Roman „A Confederacy of Dunces" (postum 1980, deutsch: „Ignaz oder die Verschwörung der Idioten", 1988) die New Orleanser Straßenbahn. Berühmt geworden ist sie jedoch durch* **Tennessee Williams'** *verfilmten Roman „A Streetcar named Desire" (1947, deutsch: „Endstation Sehnsucht", 1949).*

Die ersten Straßenbahnen wurden noch von **Pferden** *oder* **Maultieren** *gezogen. Nach dem Bürgerkrieg 1872 hatte in New Orleans General Beauregard beschlossen, die Straßenbahn von den launischen, langsamen und gefräßigen Tieren unabhängig zu machen. Experimente mit* **Ammoniakantrieb** *und* **Oberleitungen** *blieben jedoch erfolglos. Als 1885 die erste elektrische Bahn in Baltimore zum Einsatz kam, wurde man hellhörig, und am 1. Februar 1893 war es auch in New Orleans so weit: Die erste* **elektrische Bahn** *setzte sich entlang der St. Charles Street in Bewegung.*

Damals waren die Streetcars noch verschiedenfarbig, oft mit goldenen oder silbernen Streifen oder Mustern. Von 1902 bis 1905 verkehrten die sogenannten **Palace Cars,** *überaus luxuriöse Wagen, die aus St. Louis kamen.*

Die 35 charakteristischen, olivgrünen **Perley Thomas Cars,** *die heute noch in Betrieb sind, stammen aus den frühen 1920er-Jahren, als noch über 300 km Schienen in der Stadt verlegt waren.*

Damals war die „Streetcar-Kultur" bereits im Niedergang begriffen, Autos im Vormarsch, und in den 1930er-Jahren mehrte sich die Zahl der Busse auf den Straßen. 1964 wurde die Canal Street Line aufgegeben und was vom einst umfangreichen Netz blieb, war ein 20 km langer Abschnitt, die **St. Charles Line.** *Diese gilt daher als die älteste kontinuierlich betriebene Streetcar in den USA und wurde 1973 ins National Register of Historic Places aufgenommen und damit unter* **Denkmalschutz** *gestellt. Die Linie mit ihren charakteristischen,* **grünen Trambahnen** *existiert seit 1835 als Verbindung der New Orleans & Carrollton Railroad zwischen New Orleans und dem einstigen Vorort Carrollton.*

Zwei weitere Linien sind **wiederbelebt worden:** *Entlang der* **Canal Street** *rattern, ebenso wie an der* **Riverfront,** *rote Streetcars. Wo ab 1926 die Old French Market Line verkehrte, sind heute auf dem 2,5 km langen Public Belt Railroad Corridor die Riverfront Streetcars, „The Ladies in Red", unterwegs. 1984 waren im Zuge der Aktion „Bring Our Streetcars Home" Rückkäufe getätigt und Renovierungen veranlasst worden.*

New Orleans entdecken
Warehouse und Central Business District

Wohnungen und Hotels geschaffen. Die **Canal Streetcar** und die historische **St. Charles Streetcar** forcierten die Wiederbelebung des Areals. Dort zeigt New Orleans nun sein typisch **amerikanisches Gesicht**, mit modernen Hochhäusern und alten, vielfach renovierten und zu Lofts und Galerien umgebauten Lagerhäusern.

22 Canal Street [D6]

Verbindet die Riverfront die beiden verschiedenen Gesichter der Stadt, das French Quarter und den CBD, so bildet die Canal Street deren Trennlinie. Die Straße, an deren Stelle im 18. Jh. ein Kanal zwischen Mississippi und Lake Pontchartrain geplant war, stellte einst die Schnittstelle zwischen dem kreolischen (French Quarter) und dem amerikanischen Sektor (Garden District) dar. Die beiden Viertel blieben bis weit ins 19. Jh. hinein so etwas wie eigene Städte, erst dann wurde eine gemeinsame Verwaltung eingeführt. Der geplante Kanal erklärt nicht nur den Namen, sondern auch die ungewöhnliche Breite (55 m) der Straße, die schnurgerade – von einer einzigen Kurve abgesehen – zum Lake Pontchartrain führt.

In der Canal St. herrscht immer Gedränge. Abgesehen von bummelnden Touristen dient die Straße den Einheimischen als Treffpunkt und als preiswerte Einkaufsmöglichkeit, außerdem fahren von hier viele Busse in die Wohngebiete ab. Ramsch- und Secondhandläden (v. a. Kleidung, Haushalts-, Elektronikzubehör), Souvenirshops und Fastfoodlokale reihen sich aneinander.

An der Ecke zur N Rampart St. steht unübersehbar das berühmte **Saenger Theatre** (Nummer 143) mit prachtvoller orientalisch-historisierender Innenausstattung. Nach Hurricane-Schäden und Besitzerwechsel soll es wie das benachbarte Orpheum Theatre 2012 wieder in Betrieb genommen werden. Weiterer markanter Punkt an der Canal St. und zugleich an der Riverfront ist das **World Trade Center (WTC)**, das ebenfalls seit einigen Jahren leer steht. Zu Füßen liegt das einzige Casino der Stadt, **Harrah's New Orleans Casino** (s. S. 30), außerdem das **Ernest N. Morial Convention Center** (s. S. 32). Es zählt mit zwölf Ausstellungshallen und einer Veranstaltungshalle mit über 4000 Plätzen zu den größten Messezentren der USA. Vor dem zentralen Teil des Messezentrums wurde eine farbenprächtige **Hurricane Katrina Sculpture** (ein Baum mit Haus in der Krone) als Denkmal für die Opfer errichtet und am westlichen Ende ist die Anlage eines **Festival Parks** geplant.

Nahe dem WTC befinden sich zudem zwei sogenannte Nationenplätze, die **Plaza d'España** (vor dem Ri-

▶ *Die Piazza d'Italia von Charles Moore ist ein postmodernes Architekturmonument*

Warehouse und Central Business District

> **KLEINE PAUSE**
>
> **Südstaatenküche par excellence**
> Schräg gegenüber der Piazza d'Italia befindet sich an der Poydras St. hinter unscheinbarer Fassade ein kulinarisches Highlight der Stadt: **Mother's** (s. S. 25). Immer gedrängt voll, werden Kunden schnell mit preiswerten, ausgezeichneten Südstaatenspezialitäten wie Schinken, Po-boys, *Grits* (Maisbrei) oder Sandwiches („Ferdi") bedient – auch schon zum Frühstück!

verwalk) und die berühmte **Piazza d'Italia** (Poydras/Tchoupitoulas St.). Letztere ist die eigenwillige Platzanlage des Engländers Charles Moore, ein postmodernes Architekturmonument, das in fast keinem Kunstgeschichtshandbuch fehlt. Sie wurde 1978 unter großem Aufsehen eröffnet.
› Anfahrt: Canal Streetcar (mehrere Stationen, z. B. „French Quarter")

㉓ Warehouse District ★ [E8]

Als Teil des CBD gewann dank intensiver Revitalisierungsbemühungen in den letzten Jahren der Warehouse (Arts) District enorm an Attraktivität. Dieser südliche Teil des CBD zwischen Poydras St. (O), Hwy. 90/Expressway (W), St. Charles Ave. (N) und Convention Center Blvd. (S) gilt als „in" und „trendig", seit sich in den ehemaligen Lagerhäusern und Fabriken **Boutiquen** und **Ateliers, Galerien** und **Cafés** sowie **Museen** angesiedelt haben. Allerdings ist die Entwicklung zum neuen „SoHo" noch in vollem Gange und es gibt immer noch öde Abschnitte mit Lagerhäusern, Werkstätten oder leerstehenden Gebäuden. Gleichzeitig bietet das Viertel Anschauungsmaterial für Lagerhausarchitektur zwischen 1830 und dem frühen 20. Jh. Diesbezüglich sehenswert ist die **Julia Row** (vor allem der 600er-Block) mit 13 Häusern aus den 1830er-Jahren.

Ein Muss für Familien ist, ebenfalls in einem alten Warehouse befindlich, das **Louisiana Children's Museum** (s. S. 35). Dieser „Erlebnisspielplatz" für Kinder bietet interaktive Exponate und Abteilungen wie Super Market, Restaurant, Safety City oder das Radiostudio.

Im nahen **Contemporary Arts Center** (s. S. 32), auffällig durch ein grandioses Wandbild und auch innenarchitektonisch sehenswert, stehen Wechselausstellungen mit zeitgenössischer Kunst, Videos und Kulturveranstaltungen auf dem Programm.
› Anfahrt: Bus 10 „Tchoupitoulas St." oder 11 „Magazine/Camp St."

㉔ National World War II Museum ★★ [D8]

Das besuchenswerte National World War II Museum widmet sich, aufwendig mit Schautafeln, Filmen, Hörstationen, Rekonstruktionen und Originalstücken (Fahrzeuge, Landungsschiffe und Flugzeuge) gestaltet, auf drei Ebenen den Ereignissen im Zweiten Weltkrieg. Gegenüber dem eigentlichen Museum entstand ein neuer Komplex mit **Theater** (Film „**Beyond all Boundaries**" mit Tom Hanks), **Stage Door Canteen** (Unterhaltung verschiedenster Art im Stil der 1940er-Jahre – Bands, Tanz, Musicals – kombiniert mit hervorragendem Essen) und dem **American Sector**, einem Gourmetlokal mit Starkoch. Bereits in Planung ist eine neuerliche Erweiterung um Ausstellungshallen (bis 2012), ein Hotel und ein Konferenzzentrum. Damit würde das Museum zum größten Museumskomplex der Stadt.

Warehouse und Central Business District

945 Magazine St., tgl. 9–17 Uhr, $ 19 (mit Film $ 24), Shop und Lokal, www.nationalww2museum.org, Anfahrt: St. Charles Streetcar „Lee Circle" bzw. Bus 11 „Magazine/Camp St."

㉕ Ogden Museum of Southern Art ★ [C8]

Das Ogden Museum of Southern Art basiert auf der Sammlung des **Immobilienmoguls Roger H. Ogdens**, der der Universität 1994 rund 600 Kunstwerke vermachte. Darunter befinden sich Aquarelle aus dem 18. Jh., Malerei des 19. und 20. Jh., Drucke, Keramik, Fotos und Skulpturen aus den Südstaaten. Die Kunst des 18. und 19. Jh. ist in der alten, gotisierend-schlossartigen Patrick F. Taylor Library von 1888 untergebracht, die mit einem modernen Neubau verbunden ist.

Die Sammlung ist auf mehrere Etagen verteilt, ganz oben befindet sich ein kleiner Dachgarten mit Ausblick. Ein Ausstellungsbereich ist der Südstaatenkunst von 1890 bis 1945 gewidmet, ein weiterer der Zeit von 1945 bis heute, daneben werden Wechselausstellungen gezeigt. Neben Kunsthandwerk und Fotografie spielt die Malerei, v. a. die Landschaftsmalerei, eine wichtige Rolle.

Im Kontrast zum Odgen Museum steht das benachbarte **Louisiana's Civil War Museum** (s. S. 35) in der historischen Confederate Memorial Hall. Fans finden hier Dokumente, Memorabilia, Uniformen, Flaggen, Waffen, Gemälde und andere Bürgerkriegsreliquien.

› 925 Camp St., www.ogdenmuseum.org, Mi.–Mo.10–17 Uhr, Do. Livemusik 18–20 Uhr, $ 10, Anfahrt: St. Charles Streetcar „Lee Circle" bzw. Bus 11 „Magazine/Camp St."

㉖ Lee Circle ★ [C8]

Der Lee Circle ist der Dreh- und Angelpunkt des CBD. Seine Mitte markiert eine Säule, die von einer Statue des Südstaatenoberbefehlshabers **Robert E. Lee** bekrönt wird. Die **K&B Plaza** vor der Highway-Überführung (Ecke St. Charles Ave.) stammt von dem renommierten Architekturbüro SOM und wurde 1960 bis 1962 erbaut. Dieses an sich unscheinbare, moderne Hochhaus zeigt im Foyer und auf dem Vorplatz mehrere Skulpturen und Objekte des 20. Jh. von großen Künstlern wie Calder, Moore, Segal oder Saint-Phalle. Neueste Attraktion am Lee Circle ist der Bau von **Louisiana ArtWorks** (725 Magazine Ave., www.louisianaartworks.org) mit der **NOLA School of Glass Works** (Nr. 727, www.neworleansglassworks.com) – eine Künstlerinitiative, die hier Galerien und Werkstätten betreibt.

› Anfahrt: St. Charles Streetcar „Lee Circle"

㉗ Gallier Hall ★ [C7]

Ein herausragendes Bauwerk an der St. Charles Ave. ist die Gallier Hall am Lafayette Square. Der Greek-Revival-Bau wurde von dem berühmten Architekten James Gallier Sen. 1845 als *municipal hall* (Stadthalle) geplant und fungierte 1852 bis 1957 als Rathaus.

Die Stadtverwaltung ist zwar längst in einen modernen Bau an der Loyola Ave. umgezogen, aber dennoch hat die Gallier Hall einmal im Jahr ihren großen „Auftritt": zu **Mardi Gras**, wenn der Bürgermeister auf der Ehrentribüne vor dem Gebäude die Paraden abnimmt.

› 545 St. Charles St., Anfahrt: St. Charles Streetcar „Poydras"

New Orleans entdecken
Warehouse und Central Business District

🔴 Superdome ★★ [A6]

Der 1975 eröffnete Superdome sprengt mit seinen maximal 95.000 zur Verfügung stehenden Plätzen (76.000 bei Sportereignissen, 87.500 bei Konzerten) alle Dimensionen. Die Vielzweckhalle wird von einer 27 Stockwerke hohen Kuppel überwölbt (82 m hoch, 210 m Durchmesser). Einen authentischen Eindruck von der Halle erhält man während eines Footballspiels der **New Orleans Saints** – Meister der Profiliga NFL in der Spielzeit 2009. Diesem Team liegt die ganze Stadt zu Füßen und man fiebert jetzt schon 2013 entgegen, wenn der Super Bowl, das Football-Endspiel, wieder hier stattfinden wird.

Westlich vom Superdome steht die **New Orleans Arena**. In dieser Sporthalle treten die Profibasketballer der NBA, die **New Orleans Hornets,** vor bis zu 17.200 Zuschauern an. Es finden außerdem Konzerte statt und **New Orleans VooDoo** trägt Arena-Football-Spiele (Hallen-Football) aus. Das Areal südlich der beiden Sportarenen, wo sich vor Katrina das New Orleans Center, ein Einkaufszentrum, befand, soll bis zum Super Bowl 2013 neu gestaltet werden. U. a. wird der **Champions Square hin**zugefügt, ein Platz, auf dem vor Spielen für Stimmung gesorgt wird und sich die Fans treffen.

› Poydras St./Sugar Bowl Dr., Anfahrt: Bus 16 („Superdome"), Tel. 504 5873822, www.superdome.com

🔴 Blaine Kern's Mardi Gras World ★★★ [fm]

Nach einem Besuch von Blaine Kern's Mardi Gras World versteht man die Bedeutung des Karnevals für die Stadt besser. Auch wenn man selbst vielleicht zur Karnevalszeit nicht dabei sein kann, hier erhält man zumindest einen Einblick in New Orleans' Liebe zum Fasching.

Nach einer allgemeinen Einführung mittels eines Films in einem Raum, in dem auch Karnevalskostüme zum Anprobieren und zur Stärkung Kaffee und ein Stück King Cake bereitstehen, beginnt die Führung durch eine der Hallen. Hier werden **Karnevals-Paradewagen** und -**figuren** hergestellt und die Handwerker und Künstler können bei der Arbeit beobachtet werden. Eine kleine **Ausstellung** zur Firmengeschichte und ein riesiger Laden runden den Besuch ab.

1947 war die Firma von **Blaine Kern** gegründet worden, schon ein Jahr später stattete er die erste Parade aus – Kern war nämlich Mitbegründer der Bacchus-Gesellschaft und gilt als „**Mr. Mardi Gras**". The Kern Companies entwickelten sich im Laufe der Jahrzehnte zu einem Großunternehmen, bestehend aus mehreren Teilen: Blaine Kern Artists Inc. (Mardi-Gras-Wagen),

◂ *Im Superdome gibt es American Football und große Konzerte*

New Orleans entdecken
Warehouse und Central Business District

Who Dat?

„Who dat? Who dat? Who dat say dey gonna beat dem Saints!" – seit dem 7. Februar 2010 kennt in den USA jeder den Schlachtruf der Fans der **New Orleans Saints**. In „gutem" Englisch müßte der eigentlich unübersetzbare Satz heißen: *„Who is that saying they are going to beat the Saints!"* In ganz USA wurde der Satz bekannt, da an jenem Februarsonntag 2010 die Footballmannschaft mit einem 31 : 17-Erfolg über die Indianapolis Colts die Super Bowl XLIV, die Trophäe der Profi-Liga NFL, gewann. Diese erste Meisterschaft versetzte die ganze Stadt in einen wochenlangen Freudentaumel und signalisierte der Welt, dass die Stadt ihr Trauma nach der Hurricane-Katastrophe 2005 überwunden hat.

2006 hatte ein TV-Kommentator nach einem Sieg der Saints von der **„Who Dat? Nation"**, von den treuen Fans der Mannschaft, geschwärmt. Die wenig erfolgsverwöhnten Saints wurden schon seit der Vereinsgründung 1967 in New Orleans abgöttisch verehrt. „Who Dat?" leitet sich aus dem lokalen Dialekt der Cajun und Afroamerikaner ab, die das „th" als „d" aussprechen. Schon früh wurde die unübersetzbare Floskel in Gedichten, Liedern und Shows im Zwiegesang zwischen Vortragendem und Publikum verwendet und zur Karikierung der einfachen Südstaatler in Witzen. Mittlerweile kennt „Who dat!" jedoch die ganze Welt als Schlachtruf der Saints-Fans …

Kern Sculpture Company Inc. (Figuren auch für Vergnügungsparks, Museen, Firmen und Shops), Mardi Gras World Inc. (Touren und Miethallen für Feste etc.) und Blaine Kern Specialities (Herstellung von Wurfmünzen und anderen Wurfobjekten für Paraden sowie von Souvenirs).

Inzwischen arbeiten in 20 Hallen in der Stadt etwa 50 Mitarbeiter an rund 250 Karnevalswagen und -figuren. Viele weitere Wagen werden für andere Paraden, beispielsweise in Galveston (Texas) oder Mobile (Alabama), hergestellt. Kern gilt als größte Firma im Karnevalsgeschäft, es gibt aber auch andere, z. B. Barth Bros., Studio 3, Royal Artists oder Massett & Co.

▶ 1380 Port of New Orleans Place, www.mardigrasworld.com, ca. einstündige Touren tgl. 9.30–16.30 Uhr alle 30 Min., $ 19,95, Anfahrt: Mardi-Gras-Shuttlebus (kostenlos) ab Conv. Center Blvd./Poydras St. (gegenüber Harrah's, s. S. 30) 9.30–16 Uhr alle 30 Min.

▶ *Bei Blaine Kern's werden Paradewagen wie dieser hergestellt*

Karneval – Throw me something, Mister!

König Karneval regiert während der „*wildesten Party der Welt*" zwischen dem 6. Januar, der **Twelfth Night** bzw. dem **Kings' Day**, und **Mardi Gras**, dem Faschingsdienstag. Rund 50 **Paraden** ziehen während dieser Zeit durch die Straßen von New Orleans und der umliegenden Gemeinden, jede davon mit 15 bis 50 Paradewagen oder **Floats**. Diese prächtig geschmückten Wagen, für die die jeweilige Gesellschaft jedes Jahr ein anderes Motto ausruft, dominieren das Bild, dazwischen marschieren Marching Bands lokaler Schulen und andere Fußtruppen.

Auf leicht variierenden Routen geht es meist von Uptown entlang der St. Charles Ave. zur Canal St. Im French Quarter finden seit 1973 wegen der Brandgefahr nur noch kleine Fußparaden statt. Dennoch ist während des Karnevals auch in der Bourbon St. einiges los: Kritiker und Einheimische sprechen von der „drunken orgy", da es Tradition ist, für besondere „beads" (Ketten", die von den Balkonen geworfen werden), kurz mal den Busen zu entblößen.

Das Motto bei den Umzügen heißt „Throw me something, Mister!", und wer am lautesten schreit, am auffälligsten oder aufreizendsten gekleidet ist, am höchsten steht oder jemanden auf den Floats kennt, wird reichlich belohnt: mit „beads", „go-cups" (Trinkbechern), „doubloons" (Erinnerungsmünzen) oder Plüschtieren. Die Mitglieder der veranstaltenden „Krewes" (Karnevalsgesellschaften) geben für die Wurfobjekte mehrere Hundert Dollar aus.

Der erste offizielle Mardi Gras wurde **1831** in Mobile (Alabama) gefeiert, ehe Comus (nach „komos", altgriechisch für einen ausgelassenen Festumzug zu Ehren des Gottes Dionysos) 1857 mit einer Parade den Startschuss in New Orleans gab. Dennoch ist man sich in New Orleans sicher, die ältere Tradition vorweisen zu können: Als **1699** der französische Forscher Iberville südlich von New Orleans am Faschingsdienstag an Land ging, feierte man nicht nur, sondern nannte den Ort auch gleich „Point du Mardi Gras".

Die erste **Krewe** (nach dem englischen „crew") war die **Krewe of Comus**. Heute gibt es um die 70 Karnevalsgesellschaften. Zu den alteingesessenen zählen außerdem Momus, Proteus und Rex, die die Namen ihrer Mitglieder weitgehend geheim halten. Andere, vor allem jüngere, lassen auch „Normalsterbliche" zu und erlauben die Teilnahme an Paraden und Bällen. Oberhaupt einer Krewe ist der **Captain** oder **Grand Marshal** (bei Zulu), der dieses Amt meist mehrere Jahre innehat, wohingegen **King**, **Queen** und Hofstaat – aus den angesehensten Familien der Stadt stammend – jährlich neu gewählt werden.

Die **Parade von Rex** (1872 gegründet) am Faschingsdienstag mit der **Boeuf Gras Float** – das Pappmaché-Abbild eines fett gefütterten Ochsen, der auf das letzte große Mahl vor der Fastenzeit hinweist – und dem Wagen des **King of the Carnival** gilt als Höhepunkt. Von Rex stammt auch die offizielle **Karnevalsflagge** in den Farben Lila („purple") für Gerechtigkeit, Grün für Treue und Gold für Macht. Vor Rex

Karneval – Throw me something, Mister!

zieht der **Zulu Social Aid & Pleasure Club** durch die Stadt. Er war 1909 als erste schwarze Krewe gegründet worden. 1916 fand die erste Parade mit **King Zulu** statt. Kokosnüsse als Gaben ans Volk und Mitglieder mit schwarz angemalten Gesichtern und Lockenperücken wurden zum Markenzeichen. 1949 führte Louis Armstrong als erster „Celebrity King" die Parade an. Bereits am Rosenmontag, **Lundi Gras,** schmeißen im Woldenberg Park (Riverfront) King und Queen of Zulu eine Party. Am Abend treffen sich dann King Zulu und Rex.

Die sogenannten **„Super Krewes"** Bacchus, Endymion und Orpheus veranstalten die größten Paraden und Bälle. Die **Krewe of Bacchus,** 1968 gegründet, ist bekannt für ihre Sonntagsparade und dafür, dass der König immer ein landesweit bekannter Prominenter ist. Das Markenzeichen von **Orpheus,** 1994 durch den Jazzmusiker Harry Connick Jr. gegründet, ist eine 40 m lange, mehrteilige Float (so heißen die Karnevalswagen) in Gestalt einer Eisenbahn und die „Orpheuscapade", der Ball im Convention Center, der den Lundi Gras (Rosenmontag) beschließt. **Endymion,** die größte Krewe mit über 2400 Mitgliedern, ist für den größten Umzug (am Samstag vor Mardi Gras) und den Ball „Extravaganza" berühmt, der mit etwa 14.000 Gästen zumeist im Superdome stattfindet.

Ungewöhnliche Krewes sind Muses, Venus und Iris - Frauen-Krewes - oder Schwulengesellschaften wie die Krewe of Petronias, Armenius, Amon-Ra oder die Lords of Leather. Die Krewe du Vieux zieht in Esels- und handgezogenen Paradewagen durch das French Quarter, ebenso wie die Krewe of Barkus, eine Hundeparade. Eine Kuriosität sind die Mardi Gras Indians, afroamerikanische Fußtruppen, die am Mardi Gras v. a. in Uptown in aufwendigen Federkostümen als Indianer verkleidet unterwegs sind. Die bekanntesten sind Wild Tchoupitoulas, Wild Magnolias, Creole Osceloas, Spirit of Fi-Yi-Yi und die Golden Comanche.

Im **Cajun Country** - besonders um die Ortschaft Mamou - wird Mardi Gras ganz anders gefeiert: Im Morgengrauen ziehen die **Courirs du Mardi Gras** maskiert mit Hühnerdrahtmasken und harlekinesken, selbst gebastelten Kostümen zu Pferd von Farm zu Farm, wobei der (nicht maskierte) Capitaine mit gehisster weißer Flagge voranreitet und symbolisch die Erlaubnis einholt, den Hof betreten zu dürfen. Es wird getanzt, gesungen und getrunken und man bittet die Besitzer um einen Beitrag zum gemeinsamen Mahl am Tagesende, den Gumbo, oder um eine Geldspende: „Tit cinq sous!" („Gib mir fünf kleine Sous"). Mehl, Reis, Zwiebeln, Dollars oder - am liebsten - ein lebendiges Huhn werden gespendet. Der **Chicken Run,** das Fangen des Huhns, das zuvor hoch in die Luft geworfen wird, ist der größte Spaß dabei. Am Nachmittag kehren die erschöpften (und manchmal auch alkoholisierten) Reiter zurück in ihre Ortschaft, wo der Eintopf bereits im Kessel köchelt …

› *www.mardigrasneworleans.com, www.mardigrasguide.com, „Arthur Hardy's Mardi Gras Guide", jährlich erscheinendes Magazin*

Around Town

Zugegeben, French Quarter, Central Business und Warehouse District bieten allein genug, um ein paar Besuchstage zu füllen. Nicht versäumen sollte man dennoch einen Abstecher in den Garden District bzw. nach Uptown inklusive eines Bummels auf der Magazine St. und eines Abstechers zum Kunstmuseum NOMA.

30 Magazine Street ★★ [em]

Zwischen Garden District und CBD, Jackson St. und Hwy. 90 erstreckt sich der **Lower Garden District**, ein Viertel, das bis 1988 dem Verfall preisgegeben war und durch die Magazine St. mit dem Warehouse District verbunden ist. Der Lower Garden District erlebt seit einigen Jahren einen Boom, zeichnet sich durch eine bunt gemischte Bevölkerung aus und gilt mit seinen Boutiquen, Galerien, Antiquitätenshops und Cafés – konzentriert in der **Historic Magazine Row** (1800–2100er-Block), in den Abschnitten zwischen Louisiana und Napoleon St. (3100–4300er-Block) sowie Jefferson und Calhoun St. (5400er–6100er-Block) – als *fancy* und *hip*.

Die **Magazine St.** zieht sich parallel zur St. Charles Ave. weiter hinauf zum Audubon Park in Uptown. Dank dem hier verkehrenden Bus Nr. 11 kann man abschnittsweise die Magazine entlangschlendern, einen Blick in Boutiquen und Shops, Galerien und Secondhandläden werfen und sich in einem der netten kleinen Cafés oder Lokale stärken, um dann wieder in den Bus einzusteigen.

› Anfahrt: Bus 11, verschiedene Stopps wie „Jackson" oder „Napoleon"

31 Garden District ★★★ [dm]

Wer in den Garden District kommt, glaubt sich in eine andere Welt versetzt. Hier offenbart New Orleans sein „Südstaatengesicht": Die Häuser, vorwiegend im Greek-Revival- oder viktorianischen Stil, sind von gepflegtem Grün umgeben, die Straßen ruhig und sauber. Die eleganten Villen bilden einen reizvollen Kontrast zum europäisch-karibisch angehauchten, eher eng wirkenden French Quarter oder zum geschäftig-sterilen CBD.

Der Garden District entstand, nachdem infolge des Louisiana Purchase von 1803 (des Landerwerbs von Napoleon, s. S. 43) vermehrt Amerika-

---

EXTRATIPP

Bummel auf der Magazine Street

An der Magazine St. gibt es Trendmode, gebrauchte Kleidung, diverse Accessoires, Antiquitäten, Wohnungszubehör und andere Raritäten. **Shoppingfans** können sich z. B. bei ah-ha (s. S. 16), Azby's (s. S. 16), Buffalo Exchange (s. S. 16), Miss Claudia's Vintage Clothing & Costumes (s. S. 16) oder Spring (s. S. 17) austoben. Dazwischen gibt es aber auch immer wieder **Cafés** und **Lokale** wie z. B. Joey K's Restaurant (s. S. 23), das Gott Gourmet Café (s. S. 27) oder Mahony's Po-Boy Shop (s. S. 25) zum Ausruhen. **Weitere Infos** finden sich unter www.magazinestreet.com.

▶ *Im einstigen „amerikanischen Distrikt" leben noch heute die Reichen*

New Orleans entdecken
Around Town

ner in die Region strömten. Allerdings sollte es bis nach 1830 dauern, ehe er als Wohngebiet beliebt wurde. Damals waren zwei riesige Plantagen wegen eines Ehestreits verkauft und in kleine Parzellen unterteilt worden.

Bereits Mark Twain benutzte 1875 den Namen Garden District und aus derselben Zeit, d. h. der **zweiten Hälfte des 19. Jh.**, stammen die meisten Bauten. Die zugereisten Amerikaner wetteiferten mit den „Alteingesessenen", indem sie deren hochherrschaftliche Lebensweise übernahmen und (äußerlich/architektonisch) noch steigerten. Ihr „Southern Comfort" – der berühmte Likör aus New Orleans trägt nicht zu Unrecht diesen Namen – hat aus dem Viertel das „**Beverly Hills**" von New Orleans gemacht. Kein Wunder, dass Hollywood das von ziegelgepflasterten Gehwegen und schmiedeeisernen Gartenzäunen geprägte Ambiente gerne als Filmkulisse wählt.

Der für Besucher interessanteste Teil des Garden District beginnt an der Jackson und reicht bis zur Washington St. Der St. Charles Streetcar entstiegen fühlt man sofort das andere Flair. Entlang der First St. geht es in Richtung Mississippi bis zur Coliseum St., vorbei an einem Haus aus den 1840er-Jahren mit Greek-Revival-Fassade (Nr. 1407). Gegenüber von Nr. 1423 befindet sich das Haus von Archie Manning, einem ehemaligen Football-Star der Saints, dessen Söhne Payton (Indianapolis Colts) und Eli (New York Giants) heute in der NFL für Furore sorgen. Sie lernten quasi hier, auf der Straße, von ihrem Vater das „Handwerk" des Quarterbacks (Spielmacher).

Über die Coliseum St. geht es in die Third St., wo mit dem **Robinson-Jordan House** (Nr. 1415), einem Antebellum-Bau von 1857 mit acht riesigen Räumen, das angeblich größte Gebäude im Garden District ins Auge fällt. Auch das **Musson House** (Nr. 1331), das einmal dem Onkel des Künstlers Edgar Degas gehörte, ist beeindruckend.

In der Prytania St. fungiert die **Sully Mansion** (Nr. 2631) als Bed and Breakfast (http://sullymansion.com). Der Zaun des **Short-Moran House** (1448 Fourth St.), einer Italianate-Villa von 1859, kommt einem bekannt vor: Das Maiskolbendekor ist eine Nachbildung des berühmten Cornstalk Fence (s. S. 72), der sich in der 915 Royal St. im French Quarter befindet.

The Rink (2727 Prytania St.) ist ein ehemaliger Eislaufplatz, über dem ein kleines Shoppingcenter mit Cafés und Restaurants entstanden ist. Schräg gegenüber liegt der **Lafayette Cemetery** (s. S. 66), ab 1833 für irische und deutsche Siedler zur Zeit einer Gelbfieberepidemie angelegt. Gegenüber dem Friedhofseingang an der Washington Street fällt ein hellblaues, viktorianisches Gebäude ins Auge: **Commander's Palace** (s. S. 22), eines der Toprestaurants der Stadt.

Freret's Folly (2700 Coliseum St.) umfasst fünf identische, klassizistische Häuser, die Mitte des 19. Jh. von dem damals berühmten einheimischen Architekten William Freret als Spekulationsobjekte errichtet wurden. Dann verhagelte ihm jedoch der Bürgerkrieg die Geschäfte. Er konnte die Bauten nicht verkaufen und blieb – welche Torheit („folly") – darauf sitzen.

Das **Robinson House** (2520 Coliseum/Third St.) gehörte einst einem Tabakhändler, der die erste Wasserinstallation der Stadt einbauen ließ. Bekannt wurde das Haus wegen der Innendreharbeiten für den Film „Interview with the Vampire". Das Haus gegenüber (Nr. 2607) erinnert mit seiner „His & Her Staircase" an strenge Sitten: Damit die Männer nicht „unsittlich" auf die Gelenke der treppensteigenden Frauen sehen konnten – so eine der Erklärungen – wurden getrennte Aufgänge angelegt.

Zurück auf der Third St., wo ein Haus das andere zu übertreffen scheint, was Größe und Pracht betrifft, geht es vorbei an der Chestnut zur Camp St. Unterwegs trifft man auf das **Montgomery Hero House** (1213 Third St.), das erste Gebäude, das 1867 nach dem Bürgerkrieg entstand. Das **Warwick Aiken Manor** (2427 Camp St.) von 1852 wurde zeitweise als Schule genutzt und ist heute in fünf Apartments aufgeteilt. An der Ecke Camp/Second St. wohnte im **General Hood House** einmal der Oberbefehlshaber der Konföderierten im Bürgerkrieg.

In der First St. waren im **Carroll-Crawford House** (Nr. 1315) schon Edgar Degas und Mark Twain zu Gast. 1853 im Italianate-Stil erbaut, diente es schon des Öfteren als Filmkulisse. Das nahe **Brevard-Wisdom House** (Nr. 1239) wurde 1852 errichtet, bis 2004 lebte hier die Schriftstellerin Anne Rice, berühmt geworden durch ihre Vampirgeschichten.

Das **Payne-Strachan House** (1134 First St.) war neun Jahre früher gebaut worden und zeitweise Wohnsitz von Jefferson Davis, dem Präsidenten der Konföderierten, der 1889 hier starb. In der Philip St. geht es vorbei am **Isaac-Delgado-Haus** (1220 Philip St., ca. 1850) und bereits nahe am Ausgangspunkt des Rundgangs steht das älteste erhaltene Haus im Garden District: das **Toby-Westfeldt House** (2340 Prytania St.), auch „Toby's Corner" genannt. 1832, als eine Bauvorschrift galt, die nur vier Häuser pro Block zuließ, baute Thomas Toby aus Philadelphia diese Villa auf einem der riesigen, begehrten Eckgrundstücke. Gegenüber ist im noblen **Bradish Johnson House** (1872) die **Louise-S.-McGehee-Mädchenschule** (Nr. 2343) untergebracht. Kurz vor Erreichen des Streetcar-Stopps an der St. Charles Ave. kommt man noch an der **Women's Guild New Orleans Opera** (Nr. 2504), einem weiteren Antebellum-Haus, vorbei.

KLEINE PAUSE

Kleine Stärkung

🔴**176** [em] **Magazine Po-Boy Shop**, 2368 Magazine St. Gemütliches kleines Lokal mit guten, preiswerten Gerichten – idealer Abschluss eines Rundgangs durch den Garden District!

Around Town

› **Anfahrt:** Als Ausgangspunkte für einen Spaziergang bieten sich an: die 14. Haltestelle („First St.") der grünen St. Charles Streetcar bzw. die Magazine St., erreichbar mit Bus 11 („First St." oder „Washington Ave.").

㉜ St. Charles Ave./ Uptown ★ [dm]

Der Garden District ist genau genommen bereits Teil von **Uptown**, des *upriver* gelegenen **Nobelwohnviertels**. Entlang der **St. Charles Ave.** reihen sich nicht minder vornehme Villen aller Stilrichtungen aneinander. Erst auf den zweiten Blick wird deutlich, dass es sich bei der Mansion mit der Hausnummer 5705, die 1941 erbaut wurde, um etwas Besonderes handelt, nämlich um einen **Nachbau von Tara**, des fiktiven Plantagenhauses von Scarlett O'Hara in „Gone with the Wind".

An der St. Charles Ave. konzentrieren sich auch mehrere angesehene (private) höhere Schulen und Universitäten. Dazu gehört die **Academy of the Sacred Heart** (Nr. 4521), eine katholische Mädchenschule in einem schlossartigen Bau. Die **Loyola University** (Nr. 6363) – die größte katholische Universität des Südens – wurde 1840 von Jesuiten als College of the Immaculate Conception gegründet und Anfang des 20. Jh. mit dem Loyola College (1904 gegründet) zusammengelegt.

Dank ihrer berühmten Rechtsfakultät, die auf den in Louisiana immer noch gültigen Code Napoléon spezialisiert ist, erlangte die private **Tulane University** (Nr. 6823), 1834 als Medical College of Louisiana eröffnet, Ruhm und Ehre. Direkt an der St. Charles Ave. befinden sich die repräsentativen Bauten der Universität, der übrige Campus erstreckt sich nach Norden hin.

Das Zentrum von Uptown bildet der **Audubon Park.** Die anlässlich der World's Industrial and Cotton Exposition, einer Weltausstellung im Jahr 1884, angelegte Parkanlage mit Lagunen, Rasenflächen und Baumbeständen, Golf- und Tennisplätzen, Schwimmbad, Jogging- und Trimmdich-Pfaden zerfällt in zwei Teile: Der Abschnitt zwischen St. Charles Ave. und Magazine St. dient fast ausschließlich der Erholung und dem sportlichen Bewegungsdrang der New Orleanians, der Rest wird vom Zoo (s. S. 33) eingenommen.

› **Anfahrt:** St. Charles Streetcar, verschiedene Stationen wie „Tulane/Audubon Park"

㉝ New Orleans Museum of Art/City Park ★★★ [ci]

Außer dem Audubon Park in Uptown gibt es eine weitere riesige Grünanlage, die Einheimische und Besucher zu Erholung oder sportlicher Betätigung einlädt. Der City Park nahe dem Lake Pontchartrain hat jedoch noch mehr zu bieten: z. B. das sehenswerte NOMA (Museum of Art) oder den Botanischen Garten.

Als erster städtischer Park der USA ist der City Park zugleich **einer der größten Stadtparks** – mit 610 ha immerhin doppelt so groß wie der Central Park in New York. Seen, Inseln, immergrüne Eichen, ein Botanischer Garten, Golf- und Picknickplätze, das neue Pepsi Tennis Center, Bootsverleih und Angelsteg – der Park hat viel zu bieten.

Im Südostteil des Parks liegt am Ende einer breiten Allee das **New Orleans Museum of Art** (NOMA). Das 1910 dank einer Spende von Isaac

Around Town

Delgado gegründete Museum befindet sich in einem ein Jahr später eröffneten Greek-Revival-Bau, dessen 46 Galerien mit 35.000 Objekten jährlich von über 300.000 Gästen besucht werden. Neben französischer Malerei (v. a. Degas) gibt es Bilder und Skulpturen von Picasso, Braque, Dufy und Miró, frühamerikanische Kunst von der präkolumbianischen Ära bis zur spanischen Kolonialzeit, amerikanische Möbel und Kunsthandwerk des 18. und 19. Jh., eine bedeutende Glassammlung (Fabergé), Renaissancekunstwerke (Kress-Sammlung), alte europäische Meister (15.–18. Jh.) sowie asiatische und afrikanische Kunst zu sehen. Auch die große Abteilung mit zeitgenössischer und moderner Kunst (u. a. Jean Arp, Jackson Pollock, Andy Warhol) sollte man nicht versäumen, v. a. aber gibt das Museum einen guten Überblick über moderne Künstler aus Louisiana.

Angrenzend an das Museum befindet sich rund um einen kleinen See der **Sydney and Walda Besthoff Sculpture Garden** (Collins Diboll Circle) mit über 60 Skulpturen schwerpunktmäßig aus dem 20. Jh. – u. a. von Botero, Henry Moore, Jacques Lipchitz, George Segal. Im Park befinden sich eine Aussichtsterrasse, Bänke und schöne Spazierwege – ein idealer Ort, um Kunst und Natur im Einklang zu genießen!

Ein sehenswertes kleines Idyll stellt der hinter dem Museum befindliche **Botanische Garten** (1 Palm Dr., http://garden.neworleanscitypark.com) dar. Im Pavilion of the Two Sisters finden Veranstaltungen statt, daneben sind das Conservatory (Gewächshaus) mit tropischen Pflanzen, der Rosen- sowie der Azaleen- und Kameliengarten besuchenswert.

› 1 Collins Diboll Circle (City Park), www.noma.org, Di.–So. 10–17, Fr. bis

Around Town

21 Uhr zum Event „Where Y'Art?!" mit Livemusik, Lesungen, Vorträgen, Touren u. a., $ 10 (Mi. frei), Sculpture Garden frei zugänglich, Anfahrt: Canal Streetcar „City Park/Museum" (Endstation) oder Bus 91 „City Park/Museum". Mit gut sortiertem Laden und Café.

㉞ Pitot House Museum ★ [di]

Nicht weit entfernt vom NOMA ㉝ steht das **Pitot House Museum**, auch **Ducayet House** genannt. Das Plantagenhaus aus dem späten 18. Jh. im karibischen Stil ist ein seltenes Beispiel für die Architektur der französischen Kolonialzeit. **James Pitot**, ein in Frankreich geborener Sohn einer Familie aus Haiti, erwarb das Haus 1810 und ging als erster demokratisch gewählter Bürgermeister von New Orleans in die Lokalgeschichte ein.

Über einem Ziegelsockel erhebt sich eine einfache und luftige Hauskonstruktion mit Galerie. Die Schlichtheit setzt sich auch im Inneren fort. Im Besitz der Louisiana Landmarks Society wurde das Haus 1976 vollständig nach einem französischen Gemälde von 1830 renoviert. Es handelt sich um das einzige Plantagenhaus in der Stadt, das öffentlich zugänglich ist.

> 1440 Moss St. (City Park), Mi.–Sa. 10–15 Uhr stündlich Touren, $ 7, www.pitothouse.org, Anfahrt: Canal Streetcar „City Park/Museum" (Endstation) oder Bus 91 „City Park/Museum"

◀ *„Roter Hund" von George Rodrigue im Sculpture Garden*

㉟ Longue Vue House and Gardens ★ [bj]

Ein Stück südwestlich des City Park, nahe der Autobahn I-10, befindet sich Longue Vue House and Gardens. Obwohl nicht sehr alt, ist der Komplex dennoch beeindruckend: 1939 bis 1942 im klassizistischen Stil erbaut, lehnt es sich formal an alte englische Landhäuser an und zeigt origi-

Lakeview/ Lake Pontchartrain

Der See im Norden der Stadt, etwa 65 km lang und 40 km breit, hieß in der Indianersprache „Okwata" („weites Wasser"), was sich erklärt, wenn man am Seeufer steht. Die Europäer benannten ihn nach dem französischen General Pontchartrain. Segeln und Fischen sind heutzutage die Lieblingsbeschäftigungen der New Orleanans – eines ist jedoch in der scheinbaren Idylle nicht möglich: Baden. Dazu hat sich die Wasserqualität nach Jahrzehnten der Vernachlässigung noch nicht hinreichend erholt.

*Der See wird von der mit 40 km längsten Brücke der Welt überquert, dem **Lake Pontchartrain Causeway**. Die Brücke führt mit Ausnahme von 2 km ausschließlich über Wasser und zeitweise hat man den Eindruck, das offene Meer zu überqueren.*

***Landry's Seafood House** (s. S. 25) ist ein beliebtes Fischlokal direkt am See in West End, das nach der Zerstörung während des Hurricane Katrina derzeit ein Revival als Wohn- und Ausflugsziel erlebt.*

nale englische und französische Möblierung des 18. und 19. Jh. Das Haus des **Philanthropen Edgar Bloom Stern** und seiner Frau, einer Tochter des Kaufhausmagnaten Sears, fungierte einst als kultureller Mittelpunkt der Stadt und beherbergt noch heute eine exzellente private **Sammlung moderner Kunst**.

Die herrliche **Gartenanlage** besteht aus unterschiedlich gestalteten Einzelgärten mit 25 Brunnen. Sie wurde 1942 von Ellen Biddle Shipman, einer der ersten Landschaftsarchitektinnen mit überwiegend weiblichen Mitarbeitern, angelegt und ist seit 1969 öffentlich zugänglich.

> 7 Bamboo Rd., Metairie, Di.–Sa. 10–17, So. 13–17 Uhr, bis 16 Uhr stündlich Haustouren, $ 10 (nur Garten $ 7), www.longuevue.com, nicht mit dem öffentl. Nahverkehr erreichbar.

Ausflüge ins Umland

Der Bundesstaat Louisiana vereint gegensätzliche Welten: Sümpfe und Marschland, das pulsierende New Orleans und verschlafene Landstädtchen, Ol' Man River und Bayous, Industrie und Zuckerrohrfelder, Plantagenhäuser und Stelzenhütten, Cajun- und Wildwestmentalität und ein buntes Völkergemisch aus Afrikanern, Briten, Deutschen, Caribbeans, Franzosen, Spaniern und indianischen Ureinwohnern.

Die gegensätzlichen Welten um New Orleans lassen sich mit einem Mietwagen in kurzen oder längeren Ausflügen erkunden bzw. als Stationen auf einer Rundreise durch den Süden einplanen. Es sollen nachfolgend nur einige lohnende Ziele bzw. Attraktionen herausgegriffen werden.

EXTRATIPP

Weitere Informationen
Das **NOMCVB** (s. S. 108) liefert Informationen zu ganz Louisiana.
> www.louisianatravel.com bzw. www.louisianatravel.de

36 Gretna ★ [en]

Gretna gilt als **Zentrum der German Coast**. Hier ließen sich viele deutsche Einwanderer nieder, die einst von den Franzosen nach dem 30-jährigen Krieg als Neusiedler angeworben worden waren. Der **Gretna Historic District** (ausgeschildert) ist einer der größten der USA und besteht aus etwa 700 Bauten.

Idealer Ausgangspunkt für eine Besichtigungstour ist das **Gretna Historical Museum** (Lafayette St., Di.–Sa. 10–15 Uhr, $ 4) an der Riverpromenade nahe der Jackson Ave. Ferry. Das **White House**, Mitte des 19. Jh. als Wohnhaus des Dorfschmieds erbaut, dient als Empfangsgebäude zu dem Museumskomplex. Dahinter, im kleinen Park, befindet sich der **Gretna Green Blacksmith Shop**.

Neben dem White House befindet sich das herausgeputzte **Old Firehouse**. Der Bau stammt von 1859 und diente als Sitz der 1841 gegründeten David Crockett Volunteer Fire Co. No. 1, der ältesten immer noch aktiven Freiwilligen Feuerwehr der USA. Zum Komplex gehört auch das **Kittie Strehle House**, das einzige original möblierte Cottage in der Region aus den 1840er-Jahren.

Das Ortszentrum nahe der Fährenlegestelle wird von der **City Hall** von 1907 dominiert, direkt dahinter erinnern zwei Bahnhöfe an „goldene Eisenbahnzeiten". Im Depot der Texas & Pacific Railroad befindet sich heute

das **Louisiana Railroad Museum** und in das gegenüberliegende **Southern Pacific Depot** ist das **Visitor Center** eingezogen.
› **Infos** (auch zu den Museen): www.gretnala.com
› **Anfahrt:** Gretna–Canal St. Ferry (s. S. 130)

❸ Chalmette Battlefield and National Cemetery ★ [S. 144]

Das **Chalmette Battlefield** ist ein Teil des **Jean Lafitte National Historical Park**. An diesem Ort fand der berühmte **Battle of New Orleans**, die letzte Schlacht im War of 1812, statt. Am 8. Januar 1815 besiegte der General und spätere Präsident Andrew Jackson die britischen Truppen in einer Schlacht, die eigentlich unnötig war, da bereits wenige Tage zuvor in Europa ein Friedensvertrag geschlossen worden war.

Das weithin sichtbare **Beauregard-Haus** stand während der Schlacht noch nicht an diesem Ort, es wurde erst später errichtet. Steigt man auf den Deich hinauf, hat man einen guten Blick auf den Hafen.

Das moderne **Visitor Center**, das nach Katrina erbaut wurde, informiert mit Film und Ausstellung ausführlich über den Krieg und die Schlacht. Über das einstige Schlachtfeld führt eine **Rundstrecke**, in deren Verlauf Schautafeln über den Gang der Ereignisse informieren. Angrenzend an das Schlachtfeld liegt der **Chalmette National Cemetery**, ein Friedhof für Kriegsveteranen.
› 8606 W St. Bernard Hwy. (LA 46), Chalmette, www.nps.gov/jela/chalmette-battlefield.htm, tgl. 9–16.30 Uhr, Eintritt frei, Anfahrt: kein öffentlicher Nahverkehr, aber Stopp des Paddlewheelers Creole Queen (s. S. 122)

❸ Plantation Road ★★ [S. 144]

Die Strecke zwischen New Orleans und Louisianas Hauptstadt Baton Rouge hat entlang des Mississippi eine Reihe **sehenswerte Plantagenhäuser** zu bieten. Zu Beginn des 18. Jh. begannen Franzosen und Briten mit Zuckerrohr-, Indigo-, Tabak- und Baumwollanbau. Die meisten erhaltenen Gebäude stammen aus der Mitte des 19. Jh. und wechseln sich entlang dem Mississippi mit hässlichen Ölfirmen und Zuckerrohrfeldern ab. Einige Villen kann man nicht nur besichtigen, sondern man kann dort auch nächtigen.
› **Allgemeine Infos:** www.plantationparade.com

177 Destrehan Plantation, 13034 River Rd./SR 48, Destrehan, www.destrehanPlantation.org, Touren tgl. 9–16 Uhr, $ 15. Um 1790 erbaute, älteste erhaltene Plantage der Region.

178 Houmas House Plantation, 40136 River Rd./SR 942 Burnside, www.houmashouse.com, Touren tgl. 10–mind. 17 Uhr, $ 20, mit Bed and Breakfast. Das Haupthaus entstand um 1840, die imponierende Eichenallee musste leider einem Deich weichen. Zentrum einer riesigen Zuckerrohrplantage, Gästehaus und empfehlenswertes Cabin Restaurant in einem ehemaligen Sklavenhaus.

179 Laura Plantation, 2247 LA Hwy. 18, River Rd., Vacherie, www.lauraplantation.com, Touren tgl. 10–16 Uhr, $ 18. 1805 entstanden und nach einem Brand 2004 renoviert. Zwölf historische Sklavenhütten sind erhalten und es gibt Touren mit Informationen zum Leben der Sklaven, basierend auf den Tagebüchern der ehemaligen Besitzerin Laura Locoul.

180 Nottoway Plantation, 31025 LA Hwy. 1, White Castle, Touren

Ausflüge ins Umland

tgl. 9–16 Uhr, $20, Tel. 225 5452730, www.nottoway.com. Vielleicht luxuriöseste Plantation, umgebaut zu einem Bed and Breakfast mit zehn Zimmern und drei Suiten, umgeben von einer großen Gartenanlage.

181 Oak Alley Plantation,
3645 LA Hwy. 18, Vacherie, www.oakalleyplantation.com, Touren März–Okt. tgl. 9.30–16.30 Uhr, $18. Berühmte, 400 m lange Eichenallee. Die Zahl der zu Beginn des 18. Jh. gepflanzten Bäume – 28 – wird von den dorischen Säulen des 1837 bis 1839 im Greek-Revival-Stil erbauten Wohnhaus aufgenommen – mit Bed and Breakfast im Nebengebäude.

182 San Francisco Plantation,
Drawer AX Hwy. 44, Reserve, www.sanfranciscoplantation.org, Touren tgl. mind. 9.30–16 Uhr, $15. 1853 bis 1856 erbautes, architektonisch sehenswertes Gebäude (Greek Revival und viktorianisch), Innenausstattung mit Originalmöbeln, Holzdecke mit Deckenfresken und Trompe-l'oeil-Effekten.

39 Baton Rouge ★★ [S. 144]

Als Geburtsstunde der Hauptstadt von Louisiana gilt der 17. März 1699. Damals erreichte die Expedition von **Pierre Le Moyne, Sieur d'Iberville**, die Region. Der Franzose verlieh dem Ort seinen Namen („roter Stock"), der einer Legende nach auf zwei rivalisierende Indianerstämme zurückgeht: Die Bayougoulas und die Houmas markierten ihre Grenze mithilfe eines mit Tierblut beschmierten Zypressenstamms.

1736 ging die Stadt an die Briten, die hier bis 1779 ein Fort unterhielten, ehe sich die Spanier niederließen. Obwohl 1803 die USA Frankreich „ganz Louisiana" abkauften, blieb Baton Rouge zunächst spanisch, da es von Spanien als Teil New Mexicos betrachtet wurde. Nach einem kurzen Zwischenspiel als „Republic of West Florida" wurde der Ort 1810/11 Teil der USA und 1849 zur **Hauptstadt Louisianas.**

Erste Anlaufstation bei einem Besuch sollte das **Louisiana State Museum** (s. S. 96) sein. In zwei Abteilungen, „Grounds for Greatness" und „Louisiana Experience", erhält man einen umfassenden Einblick in die Geschichte und die Mentalität der Bewohner von Louisiana.

Blickfang in dem sich nördlich anschließenden Park ist das **Louisiana State Capitol** (s. S. 95), mit 34 Stockwerken das höchste Regierungsgebäude Amerikas. Es wurde 1932 – während der Depression – im Auftrag von Governor Huey P. Long im Art-déco-Stil erbaut. Long wurde 1935 hier ermordet, in den State Capitol Gardens beerdigt und mit einer Statue vor dem Gebäude geehrt. Bis heute gilt er als einer der schillerndsten und umstrittensten Politiker des Südens, der sich als Anwalt der „kleinen" Leute sah.

Am Fuße des Louisiana State Capitol liegen die **Governor's Mansion**, Replik eines Antebellum-Hauses, und die um einen Innenhof angelegten **Pentagon Barracks,** ein 1812 ausgebauter alter Militärposten von 1779.

An der sich südlich anschließenden Mississippi-Promenade ist das **Louisiana Old State Capitol** (s. S. 97) – mit schöner Wendeltreppe, Fresken von Conrad Albrizio (1930) und einer interessanten Ausstellung zur Geschichte des Staates – die Hauptattraktion. Bis 1932 fungierte das wegen seines festungsartigen Aussehens auffällige „Louisiana Castle" als Regierungssitz. Der eigenwillige Bau entstand 1849 im gotisierenden Stil.

New Orleans entdecken
Ausflüge ins Umland

Das gegenüberliegende River Center mit dem **Louisiana Arts and Science Museum** (s. S. 95) ist in einer Bahnstation von 1925 untergebracht und leitet über zu River Place mit Promenade und Pavillon. Ein paar Schritte weiter befindet sich am Wasser das **Naval War Museum** (s. S. 97) mit Schiffsmodellen, Infos zur Schifffahrt und dem Kriegsschiff **USS Kidd**.

Abgesehen von Regierungsbauten und Staatsangestellten sind es die **Louisiana State University** (5 km südl. von Downtown, s. S. 96) und ihre Studenten, die das Bild der Stadt bestimmen. Die Universität wurde 1869 von Alexandria nach Baton Rouge verlegt. Die meisten Bauten im klassizistischen Stil und der parkartige Campus stammen aus dem frühen 20. Jh. und wurden u. a. von den Olmsted-Brüdern, den Söhnen von Frederick Law Olmsted, dem berühmten Planer des New Yorker Central Park, konzipiert und von dem deutschstämmigen Architekten Theodore C. Link realisiert. Unbedingt besuchen sollte man das Tigergehege von Mike, dem Maskottchen der Uni, neben dem **Tiger Stadium**. Das Stadion ist mit über 90.000 Plätzen eine der größten Unisportstätten weltweit und Heimat der **Tigers**, einer American-Football-Mannschaft.

❯ Infos: www.visitbatonrouge.com

🏛 **183 Louisiana Arts and Science Museum**, 100 River Rd., www.lasm.org, Di.– Fr. 10–15, Sa. 10–17, So. 13–16 Uhr, $ 9 (mit Planetarium), $ 11 „All-Inclusive"-Package

🏛 **184 Louisiana State Capitol**, N 3rd St./ State Capitol Dr., Observation Deck (27. Stock), tgl. 8–16.30 Uhr, Eintritt frei

▲ *Ungewöhnlicher Regierungssitz: das Louisiana State Capitol*

„Lâche pas la patate" – Besuch im Cajun Country

*Die Lust an ausgelassenen Feiern, südländisches Temperament, Lebensfreude und Familiensinn prägen die **Cajuns**, Nachkommen der ersten Weißen, die nach Kanada auswanderten, dort von den Briten vertrieben wurden und ausgerechnet in der Sumpfregion westlich von New Orleans eine neue Heimat fanden. Nach ihrer **Vertreibung aus Kanada** 1755 erreichten die ersten Cajuns nach mehrjähriger Irrfahrt und über mehrere Stationen Louisiana, wo bereits Franzosen siedelten. Die einen ließen sich entlang dem Mississippi nördlich der Stadt - in den Wetlands entlang des Bayou Lafourche - nieder, andere überquerten das Atchafalaya Basin und siedelten im Land der Attakapas- und Opelousas-Indianer im Südwesten des heutigen Bundesstaates.*

Die Cajuns - der Name ist eine Verballhornung von „L'A(r)cadie", wie Nova Scotia genannt wurde - pflegen bis heute ihr antiquiertes, „unreines" Acadian French, halten an Traditionen und Kochkunst fest und rechtfertigen ihre Eigenheiten mit einem Schulterzucken und dem Motto: „Lâche pas la patate!" („Nur nicht unterkriegen lassen!") Längst haben sie sich mit anderen Zuwanderern und den Ureinwohnern vermischt und heute ist es schwierig, noch zu definieren, wer oder was ein echter Cajun ist. Nach einem alten Sprichwort kann man auf drei Arten Cajun werden: „By the blood, by the ring or by the back door".

*Wenn am Samstagabend die Band aufspielt, heißt es „**Fais-Do-Do**" und dann sind alle Sorgen vergessen. „Fais-Do-Do" hat mit dem eigentlichen Wortsinn („Schlafengehen") wenig zu tun, vielmehr geht es auf den Tanzböden der „dance halls", die hiesigen Bierzelten gleichen, heiß her: Man genießt die Nationalgerichte, zum Beispiel Krabben, Langusten und Krebse, Gumbo und Brotpudding, Alligatorfleisch, Austern und Spanferkel. Dazu fließt Bier in Strömen und*

041no Abb.: mb

- 🏛 **185 Louisiana State Museum**, 660 N 4th St., http://lsm.crt.state.la.us, Di.-Sa. 10-17 Uhr, Eintritt frei
- ● **186 Louisiana State University Visitor Center**, 3357 Highland Rd./Dalrymple Dr., www.lsu.edu, Mo.-Sa. 9-17 Uhr
- 🛍 **187 LSU Tigers Shop**, N Stadium Dr., Mo.-Sa. 10-17, So. 12-17 Uhr. Das Souvenir-"Kaufhaus" der LSU-Tigers-Mannschaften. Gleich daneben befindet sich das topmoderne, geräumige Gehege des Maskottchens „Mike the Tiger".

New Orleans entdecken
Ausflüge ins Umland

Bands spielen Cajun- und Zydeco-Musik (s. S. 56).

Neben **Zuckerrohr**- sind der **Reisanbau** und Zuchtfarmen für Langusten **(crawfish)** traditionelle Standbeine der Landwirtschaft im Cajun Country. Da Reis nur eine kurze Vegetationsphase von April bis August hat, werden die Felder anschließend geflutet und für die Zucht von Meeresfrüchten genutzt. **Catfish** (Wels) und **Austern** werden ebenfalls gezüchtet und daneben spielt die Fischerei noch immer eine wichtige Rolle. Wirtschaftlich die Nummer 1 sind jedoch die Öl-, die Chemie- und die Gasindustrie.

Zuckerrohrfelder und Crawfish-Farmen, Plantagenhäuser und verschlafene Dörfer, Bayous und Mangrovensümpfe – all das kann man auf einer Fahrt durchs Cajun Country kennenlernen. Der US Highway 90 führt von New Orleans direkt hinein, vorbei an Ortschaften wie **Houma, Morgan City, New Iberia** ㊶, **Lafayette** ㊵ oder **Lake Charles**. Daneben lohnen Abstecher in kleinere Ortschaften im Hinterland wie **Thibodeux, St. Martinville** (genannt „Le Petit Paris" und Heimat von „Evangeline", s. S. 98), **Eunice** (die „Prairie Cajun Capital"), **Opelousas** (Geburtsort des Zydeco) oder **Mamou**.
▸ Infos: www.louisianatravel.com/cajun-country

㊵ Lafayette – die Cajun Capital ★★ [S. 144]

Mit seinen 120.000 Einwohnern nennt sich **Lafayette** heute stolz „**Cajun Capital**", dabei war die Stadt erst um 1823 unter dem Namen Vermilionville und als Zentrum des neuen Lafayette Parish entstanden. 1844 benannte man sie nach dem französischen Marquis de Lafayette, dem Held des amerikanischen Unabhängigkeitskrieges, um. Zentral im Cajun Country gelegen, war die Stadt im Nordwesten von Prärie und Wäldern, im Südosten von Sümpfen und Bayous und im Südwesten von Marschland umgeben.

An das historische **Vermilionville** erinnert heute ein gleichnamiges, **rekonstruiertes Museumsdorf** (s. S. 99). Hier wird anhand von Bauten und mit Akteuren in Originalkostümen sowie Demonstrationen das Leben der Cajuns zu Anfang des 19. Jh. nachgestellt. Auch im **Acadian Village** (s. S. 99) hat man eine Cajun-Siedlung des 19. Jh. rekonstruiert. In erster Linie fungiert dieses Open-Air-Museum mit historischen und rekonstruierten Bauten jedoch als **Kulturzentrum** und man legt besonderen Wert auf historische Authentizität.

In der Innenstadt fallen Bauten wie das Courthouse und die City Hall, besonders aber eine Reihe von **Wandbildern** (v. a. entlang Jefferson und W Vermilion St.) ins Auge. Zu den mo-

---

🏛 **188 Naval War Museum/USS Kidd,** 305 S River Rd., www.usskidd.com, geöffnet täglich von 9–17 Uhr, $ 8
🏛 **189 Old State Capitol,** 100 North Blvd., Di.–Sa. 10–16 Uhr, Eintritt frei, www.louisianaoldstatecapitol.org

◀ *Ein Cajun Fiddler in Vermilionville*

New Orleans entdecken
Ausflüge ins Umland

EXTRATIPP

Jean Lafitte National Historical Park

Der in New Orleans beheimatete **Jean Lafitte National Historical Park** betreibt im Cajun Country drei sehenswerte Museen (alle Eintritt frei), die sich mit unterschiedlichen Aspekten der Geschichte und des Lebens der Cajuns in der jeweiligen Region beschäftigen. Dazu gibt es ein Naturschutzgebiet im Südwesten von New Orleans (Barataria Preserve).

- **192** **Jean Lafitte NHP – Acadian Cultural Center**, 501 Fisher Rd., Lafayette, www.nps.gov/jela, tgl. 8–17 Uhr
- **193** **Jean Lafitte NHP – Barataria Preserve**, 6588 Barataria Blvd., SR 45, Crown Point, www.nps.gov/jela, tgl. 9–17 Uhr.
- **194** **Jean Lafitte NHP – Prairie Acadian Cultural Center**, S 3rd St./250 W Park Ave., Eunice, www.nps.gov/jela, Di.–Fr. 8–17, Sa. 8–18 Uhr
- **195** **Jean Lafitte NHP – Wetlands Acadian Cultural Center**, 314 St. Marys St., Thibodaux, www. nps.gov/jela, Mo.–Di. 9–19, Mi.–Do. 9–18, Fr.–Sa. 9–17 Uhr

---

dernen Kunstwerken der Stadt gehört auch das **Henry Wadsworth Longfellow Monument** (100 Asma Blvd.). Die Statue des berühmten Schriftstellers, der mit seinem Gedicht „Evangeline" der Vertreibung der Cajuns aus Kanada ein literarisches Denkmal setzte, stammt vom bekannten lokalen Künstler George Rodrigue, der durch seine bunten Hundefiguren (s. S. 91) in New Orleans und Umgebung berühmt geworden ist.

Die alles überragende **Cathedral of St. John the Evangelist & Oak Tree** (914 St. John St.) entstand 1912 bis 1916 als katholischer Bischofssitz. Die Eiche auf dem Vorplatz ist legendär: Sie soll nicht nur über 450 Jahre alt sein, sondern zugleich mit einem Stammumfang von rund 8 m, fast

New Orleans entdecken
Ausflüge ins Umland

40 m Höhe und über 60 m Kronenumfang einer der mächtigsten Bäume der USA sein.
> Infos: www.lafayette.travel

🏛 **190 Acadian Village**, 200 Greenleaf Dr., www.acadianvillage.org, Di.–Sa. 10–16 Uhr, $ 8

🏛 **191 Vermilionville**, 300 Fisher Rd., www.vermilionville.org, Di.–So. 10–16 Uhr, $ 8, verschiedene Veranstaltungen sowie Lokal und Shop.

❹ „Queen City"
New Iberia ★★★ [S. 144]

New Iberia nennt sich nicht zu Unrecht „Queen City of the Teche". Die sehenswerte historische Innenstadt am Bayou Teche mit der Plantagenvilla Shadows-on-the-Teche, besuchenswerten Parks im Umland, einer Reismühle und der Tabascosoßenfabrik lohnen einen Besuch im Heimatstädtchen des Krimiautors James Lee Burke und des Künstlers George Rodrigue.

Entstanden ist das Städtchen mit seinen heute etwa 32.000 Einwohnern 1779 als Gründung spanischer Siedler aus Málaga und von den Kanarischen Inseln. Für einen Boom sorgten der Zuckerrohranbau ab 1825 und der Anschluss an die Eisenbahn 1879. Heute dient der beachtliche Hafen als Versorgungszentrum für die Offshore-Ölförderanlagen im Golf von Mexiko und als Fischereizentrum. Auch Zuckerrohr und Reis werden in der Gegend großflächig angebaut.

Über die Geschichte der Region und ihrer Menschen informiert das erst 2010 eröffnete, überaus sehenswerte **Bayou Teche Museum** (s. S. 100) an der Hauptstraße neben dem historischen Evangeline Theater. Nach einem instruktiven Video bewegt man sich entsprechend den Windungen des Bayou Teche durch die einzelnen Ausstellungsabteilungen. Dabei wird die Stadtgeschichte anhand verschiedener Aspekte – Geschichte, Traditionen, Industrie, Landwirtschaft, Fischerei oder Schifffahrt – und mit modernen Medien, Fotos, Dokumenten, Memorabilien und Relikten aufbereitet.

Neben dem **Historic District** (v. a. Main, Weeks und St. Peter St.) ist **Shadows-on-the-Teche** (s. S. 100) eines der Highlights im Cajun Country. Die Pflanzervilla von 1834 erinnert an die Vergangenheit der Region als Zuckerrohranbaugebiet und vermittelt eine gute Vorstellung von Konstruktion und Aussehen eines Antebellum-Plantagenhauses – Antebellum bedeutet, dass das Gebäude vor dem Bürgerkrieg entstanden ist. Am Bayou Teche gelegen, war dieses Haus vom reichen Zuckerrohrpflanzer David Weeks im Classical-Revival-Stil erbaut worden.

Die **Conrad Rice Mill – Konriko** (s. S. 100) ist die älteste noch betriebene Reisfabrik in den USA und stammt aus dem Jahr 1912. Abgesehen von Touren gibt es einen gut sortierten Laden. In der etwa 15 km entfernt auf Avery Island gelegenen **Tabascosoßenfabrik** der McIlhenny Company können Besucher den Herstellungsprozess der feurigen Soße kennenlernen und anschließend im großen **Tabasco Country Store** testen und kaufen. In den nahegelegenen **Jungle Gardens of Avery Island**

◀ *Wie die Cajuns einst lebten, sieht man im Acadian Village*

Tabasco – Hot Stuff

Als sich **Edmund McIlhenny**, Banker schottisch-irischer Abstammung, Gourmet und Fan der Cajun-Küche, eher aus Spaß daran machte, die unbändig wachsenden Pfefferschoten in seinem Garten „sinnvoll" zu verwenden, konnte er noch nicht ahnen, zu welchem Welterfolg ihm sein „heißes" rotes Gebräu verhelfen sollte.

Er warf die **Pfefferschoten** von Capsicum-Pflanzen, die er nach dem Bürgerkrieg auf Avery Island angebaut hatte, in ein altes Whiskeyfass, zerstampfte sie und gab eine Handvoll **Salz** aus dem heimischen Salzstock dazu. Nach Abschluss des Fermentationsprozesses goss er das Gemisch in einen größeren Bottich, versetzte es mit *französischem Essig* und ließ es noch einmal 30 Tage stehen. Nachdem die Schotenreste abgesiebt waren, blieb ein teuflisch-scharfes, rotes Gebräu übrig, das McIlhenny in ein ehemaliges Parfümfläschchen seiner Frau füllte – und das begeistert angenommen wurde.

McIlhennys Rezept wurde patentiert und wird heute in beinahe unveränderter Form – ohne Konservierungsstoffe – verwendet. Anders verhält sich mit dem Rohstoff, den Pfefferschoten. Den Grundstock bilden zwar weiter alte Pflanzen, aber längst muss aus Mittelamerika dazugekauft werden, produziert der Familienbetrieb heute doch täglich rund 400.000 Fläschchen und verschickt sie in über 100 Länder.

(s. S. 100) gibt es dann Gelegenheit, Alligatoren, Schildkröten und allerhand Vögel „live" zu sehen. Der riesige Garten wurde im 19. Jh. vom Naturforscher E. A. McIlhenny, dem Sohn des Soßenerfinders, auf der 15 km² großen Insel angelegt und dient heute als Naturschutzgebiet.

Unter dieser Insel erstrecken sich zahlreiche Salzstöcke. Gleiches gilt für die **Rip Van Winkle Gardens** (s. S. 100) auf Jefferson Island, ca. 10 km westlich von New Iberia. Kernstück dieser semitropischen Parklandschaft am Lake Peigneur ist das prächtige viktorianische Wohnhaus des Schauspielers Joseph Jefferson von 1870. In die Schlagzeilen geriet der Salzstock 1980, als bei Ölbohrungen eine unterirdische Höhle getroffen wurde, die sich mit Wasser füllte und eine enorme Sogwirkung an der Oberfläche und große Zerstörungen verursachte.

› Infos: www.cityofnewiberia.com sowie www.iberiatravel.com

196 Bayou Teche Museum, 131 E Main St., www.bayoutechemuseum.org, Do.-Sa. 10–16 Uhr, $ 4

197 Conrad Rice Mill – Konriko, 301 Ann St., www.conradricemill.com, Mo.-Sa. 9–17 Uhr, Touren stündlich 10–15 Uhr

198 Jungle Gardens of Avery Island, Avery Island, www.junglegardens.org, tgl. 9–17 Uhr, $ 8 plus $ 1 (Zufahrtsgebühr)

199 Rip Van Winkle Gardens, 5505 Rip Van Winkle Rd., tgl. 9–17 Uhr, $ 10, www.ripvanwinklegardens.com

200 Shadows-on-the-Teche, 317 E Main St., www.shadowsontheteche.org, Mo.-Sa. 9–16.30 Uhr, Touren $ 10

201 Tabasco, Avery Island, www.tabasco.com/tabasco_history/visit_avery_island.cfm, Mo.-So. 9–16 Uhr, Touren kostenlos ($ 1 für die Zufahrt auf die Insel)

Praktische Reisetipps

An- und Rückreise

Reiseplanung und Flüge

Es gibt aus dem deutschsprachigen Raum keine **Nonstopverbindungen** nach New Orleans. Mit einem **Zwischenstopp** fliegen allerdings mehrere Gesellschaften, so z. B. Delta, Air France/KLM, American Airlines oder United/Lufthansa. Die reine **Flugzeit** beträgt um die elf Stunden, die **Flugpreise** bewegen sich zwischen 550 € (Nebensaison, Sonderangebote) und 1000 € in der Hauptsaison. Zur ersten Orientierung helfen große Internetportale wie www.expedia.de. Auch die Fluggesellschaften selbst offerieren immer wieder zeitlich befristete Sonderangebote.

Der Großteil der Flugzeuge landet am Nachmittag oder frühen Abend in New Orleans, da die **Zeitverschiebung** 7 Stunden beträgt. Auf dem Hinflug lassen sich die Auswirkungen des **Jetlags** weitgehend vermeiden, die Tage nach durchwachter Nacht im Flieger auf dem Rückflug bereiten in der Regel größere Probleme.

Ankunft und Fahrt in die Stadt

Der **Louis Armstrong New Orleans International Airport** (www.flymsy.com) hat – etwas verwirrend – den IATA-Code MSY, was daher rührt, dass er ursprünglich Moisont Stock Yards bzw. Moisont Field genannt wurde. 1960 wurde der Flughafen in New Orleans International Airport und 2001 – zu Armstrongs 100. Geburtstag – schließlich in Louis Armstrong New Orleans International Airport umbenannt.

Der Airport liegt in Kenner, gut 20 km westlich von New Orleans Downtown, und ist durch den US Hwy. 61 (Airline Hwy.) angebunden. 132 Flüge aus/in 36 Städte/n landen/starten hier insgesamt. Im Flughafen gibt es **Serviceeinrichtungen** wie TravelEx, Post, kostenloses WLAN, Traveler's Aid und auf dem Lower Level **Mietwagenschalter**, u. a. von Alamo, Avis, Budget oder Hertz (Shuttle zum Parkplatz).
> **Flughafenauskunft:** Tel. 504 4640831
> **Fundbüro (Lost & Found):** Tel. 504 4642671
> **Visitor Information Services** (West Lobby, geöffnet tgl. 8–18 Uhr): Tel. 504 4642752

Etwa alle 15 Min. fahren **Airport Shuttles** in die Stadt (Tickets $ 20 bzw. $ 38 für Hin- und Rückfahrt, Abfahrt: Lower Level, Baggage Claim). Sie steuern beliebige Hotels im Central Business District an.
> www.airportshuttleneworleans.com (Tickets auch online), Tel. 18665962699 (kostenlos) oder 504 5223500

Da die Kleinbusse der Airport Shuttles meist bis auf den letzten Platz vollgepackt werden und die Fahrt wegen zahlreicher Stopps eine Stunde dauern kann, ist die Fahrt mit dem **Taxi** bei zwei oder mehr Personen angenehmer und schneller. Eine Taxifahrt in die Innenstadt kostet für bis zu zwei Personen $ 33, für jede zusätzliche Person $ 14 (Stand: Sommer 2011).

Mit nur $ 2 preiswert ist hingegen die 45-minütige Fahrt mit dem **öffentlichen Bus**, dem Airport-Downtown Express (E–2). Er verkehrt von 6 bis 22 Uhr, ab Airport Entrance Nr.

◀ *Vorseite: Auf Mississippitour mit der Natchez*

7 auf dem Upper Level (Delta Terminal „Departures"). Werktags bis 19 Uhr befindet sich die Endhaltestelle an der Kreuzung Tulane/Loyola Ave. Danach und an Wochenenden hält der Bus an der Kreuzung Tulane/Carrollton Ave. und dort ist dann ein Umsteigen nötig.
> Tel. 504 8181077, www.jeffersontransit.org oder www.norta.com

Ankunft per Bahn oder Bus

Die (halbstaatliche) Eisenbahngesellschaft **Amtrak** verkehrt entlang der Westküste und bietet sich für Städtetrips an. Verschiedene Züge verbinden New Orleans mit dem Rest der USA:
> Der **Sunset Limited** fährt dreimal wöchentlich von New Orleans über Tucson und San Antonio nach Los Angeles.
> Der **City of New Orleans** fährt täglich nach Memphis und Chicago.
> Der **Crescent** fährt täglich nach Atlanta, Charlotte, Washington, D.C., Philadelphia und New York.

Der **Union Passenger Terminal** liegt zentral im CBD, die überregionale Busgesellschaft **Greyhound** (www.greyhound.com) ist im gleichen Bau zu Hause.
- **202** [A7] **Union Station**, 1001 Loyola Ave., www.amtrak.com, in Deutschland: www.crd.de/amtrak/bahnpaesse.php, Hotline: Tel. 040 30061623

Autofahren

Autofahren ist in den USA normalerweise entspannend, man fährt defensiv und gemächlich. Die dagegen eher **temperamentvoll-unvorhersehbare Fahrweise** in New Orleans macht das Herumkommen gelegentlich etwas stressig, v. a. im Großraum und zur Rushhour, die normalerweise von 7 bis 9 und ab 16 Uhr einsetzt. Wer einen reinen Städtetrip plant, kann in New Orleans aber auch gut auf einen Wagen verzichten, vieles ist zu Fuß erreichbar und gegebenenfalls hilft der öffentliche Nahverkehr weiter.

Auch die **hohen Parkgebühren** in öffentlichen Parkhäusern (vorwiegend im CBD), die gepfefferten Parkpreise für Hotelgäste (bis $ 35 pro Nacht) und die **Probleme, im French Quarter zu parken**, lassen einen gern auf ein eigenes Auto verzichten. Falls der fahrbare Untersatz aus bestimmten Gründen, z. B. weil New Orleans Stopp auf einer längeren Rundreise ist, dennoch benötigt wird, bucht man einen **Mietwagen** am besten von zu Hause aus, da die angebotenen Komplettpakete günstiger sind als eine Buchung vor Ort. Abgesehen von den großen Firmen wie Avis (www.avis.de), Alamo (www.alamo.com) oder Hertz (www.hertz.com) gibt es auch Mietwagenbroker (www.mietwagenbroker.de).

▲ *Überschaubar und modern: der Louis Armstrong New Orleans International Airport*

Barrierefreies Reisen, Diplomatische Vertretungen

> **Pannen und Notfälle**
> Bei einer Panne schickt der Autoverleiher, sofern möglich, einen Servicewagen.
> - **Allgemeiner Notruf:** Tel. 911
> - **ADAC/ÖAMTC-Notruf:** Tel. 18882221373
> - **AAA-Pannendienst:** Tel. 18002224357

Der **Automobilklub AAA** versorgt Reisende bei Vorlage des ADAC-, ÖAMTC- oder TCS-Ausweises gratis und sonst gegen eine Gebühr mit aktuellem Kartenmaterial und Tour-Books. AAA (www.aaa.com) betreibt mehrere Filialen im Großraum New Orleans.

- ●203 **AAA Louisiana,** 3445 N Causeway Blvd., Metairie, Tel. 504 8387500, Mo.–Fr. 8.30 bis mind. 17.15 Uhr

Besondere Verkehrsregeln

- **Geschwindigkeiten:** Im Stadtgebiet gelten 25 mph (ca. 40 km/h), auf Landstraßen 55 mph (ca. 90 km/h), auf Autobahnen max. 70 mph (ca. 110 km/h) außerhalb des bzw. 60 mph (96 km/h) im städtischen Einzugsbereich. **Speeding** (zu schnelles Fahren) wird scharf überwacht und bestraft.
- **Rechtsabbiegen** bei Rot ist erlaubt, sofern dies gefahrlos möglich und kein Schild „No turn on red" (Abbiegen bei Rot verboten) angebracht ist.
- **Auf- und Abfahrten** sind nach Meilen nummeriert und können sich auch links befinden.
- **Rechtsüberholen** ist bei mehreren Spuren erlaubt.
- **Alkohol:** Es gilt eine gesetzliche Grenze von 0,5 Promille. Alkoholische Getränke dürfen nur im Kofferraum transportiert werden. Verstöße werden jeweils streng geahndet.
- Eine Gallone (3,8 l) **Normalbenzin** (unleaded regular) kostet in New Orleans um die $ 3,40 bis $ 3,70 (Stand: Sommer 2011). Aktuelle Preise finden sich unter www.neworleansgasprices.com.
- **Vorfahrt:** „Rechts vor links" existiert nicht, stattdessen gibt es Stoppschilder, die nach dem Prinzip „Wer zuerst kommt, fährt zuerst" funktionieren.

Barrierefreies Reisen

Die USA und auch New Orleans sind gute Reiseziele für Menschen mit Behinderung (handicapped/disabled people). Behindertenparkplätze, Aufzüge und Fußwegabsenkungen sind üblich, ebenso Hotels oder Mietwagen mit entsprechenden Einrichtungen. Allgemeine Infos erteilen:

- **SATH,** Society for Accessible Travel & Hospitality, Tel. 212 4477284, www.sath.org
- **Travelers Aid Society of Greater New Orleans,** 1615 Canal St., Tel. 504 5860010
- Im **Internet** hilft www.nola.gov/visitors/visitors-Resources („Elderly And Special Needs") weiter.

Diplomatische Vertretungen

In Deutschland, Österreich, Schweiz

- **Botschaft der Vereinigten Staaten,** Pariser Platz 2, 10117 Berlin, Tel. 030 83050, Konsularabteilung (Visa): Clayallee 170, Tel. 0900 1850055 (Mo.–Fr. 7–20 Uhr, 1,86 €/Min.), http://germany.usembassy.gov

Praktische Reisetipps
Ein- und Ausreisebestimmungen

> **Botschaft der Vereinigten Staaten,** Boltzmanngasse 16, 1090 Wien, Tel. 01 313390, Visa: Tel. 0900 510300 (2,16 €/Min.), www.usembassy.at
> **Botschaft der Vereinigten Staaten,** Sulgeneckstr. 19, 3007 Bern, Tel. 031 3577011, Visa-Terminabsprachen: Tel. 0900 878472 (CHF 2,50/Min.), http://bern.usembassy.gov
> Eine Liste aller **Auslandsvertretungen** findet sich unter www.auswaertiges-amt.de (D), www.bmaa.gv.at (A), www.eda.admin.ch (CH)

In New Orleans

- **204** [B6] **Honorary Consulate of Germany,** c/o. Leake & Andersson, Energy Center, 1100 Poydras St., Suite 1700, Tel. 504 5857500
- **205** [D7] **Honorary Consulate General of Austria,** 755 Magazine St., Tel. 504 5930682
- **206** [E7] **Honorary Consulate of Switzerland,** 322 Lafayette St., Tel. 504 5668212

Ein- und Ausreisebestimmungen

Einreiseformalitäten

Dank des **Visa Waiver Program (VWP)** ist ein Visum für Staatsbürger von Teilnehmerländern wie Deutschland, Österreich und der Schweiz bei einem Aufenthalt von max. 90 Tagen und bei Vorlage eines Rückflugtickets nicht nötig. Besucher müssen im Besitz eines **maschinenlesbaren Reisepasses** sein, der mindestens noch die gesamte Aufenthaltsdauer lang gültig ist. Auch Kinder benötigen einen eigenen Pass.

Zudem müssen sich alle Bürger, auch Kinder, die ohne Visum einreisen, spätestens 72 Stunden vor Abflug online registrieren lassen (**Electronic System for Travel Authorization – ESTA**). Diese Registrierung kostet einmalig $14 und gilt zwei Jahre. Sie kann im Reisebüro oder im Internet erfolgen:

> https://esta.cbp.dhs.gov (Antrag) bzw.
> http://german.germany.usembassy.gov/visa/vwp/esta (deutsche Erläuterungen und Link)

Erfragt werden prinzipiell dieselben Angaben wie auf dem früher im Flugzeug ausgeteilten grünen I-94 W-Formular zur Befreiung von der Visumspflicht: Name, Geburtsdatum, Adresse, Nationalität, Geschlecht, Passdetails, erstes Hotel, Zweck und Dauer der Reise etc.

Seit dem 1. November 2010 müssen Fluggesellschaften im Rahmen von **Secure Flight** außerdem mindestens 72 Stunden vor Abflug die maßgeblichen Passagierdaten vorliegen haben: voller Name gemäß Reisepass, Geburtsdatum und Geschlecht. Normalerweise werden diese Angaben bereits bei Flugbuchung gefordert. Zusätzlich sind im Rahmen von **APIS** (Advance Passenger Information System) folgende Angaben erforderlich: Passdaten, Hauptwohnsitz und vollständige erste Adresse während des USA-Aufenthalts (mit PLZ). Diese Fakten können online auf der Seite der Fluggesellschaft oder als ausgedrucktes Formular beim Check-in vorgelegt werden. Es ist geplant, Secure Flight und APIS zusammenzufassen.

> Infos: www.tsa.gov/what_we_do/layers/secureflight/faqs.shtm

Wer länger als 90 Tage im Land bleiben möchte – zum Beispiel zum Studieren oder Arbeiten – oder Staatsbürger eines Landes ist, das nicht am

VWP teilnimmt, muss sich ein **Visum** beschaffen. Informationen dazu gibt es unter:
› http://german.germany.usembassy.gov/visa

Einreisekontrolle

Am Einreiseschalter *(immigration counter)* des ersten Flughafens in den USA wird der Pass gescannt und es werden Fragen zu Reiseroute, Zweck der Reise, Beruf, Bekannten oder Freunden in USA, evtl. auch zum Reisebudget gestellt. Es werden **tintenlose Fingerabdrücke** genommen und es wird ein **Foto** gemacht, ehe es den Stempel mit einer auf normalerweise drei Monate festgelegten Aufenthaltsdauer gibt. Der Vorgang dauert nur wenige Minuten.

Infos zu **aktuellen Einreisebestimmungen** findet man im Internet:
› http://travel.state.gov/visa/temp/without/without_1990.html

Zoll

Im Flugzeug werden weiße Zollerklärungen *(customs forms)* verteilt, auf denen anzugeben ist, ob und welche Waren mitgeführt werden. Eine **Devisenbeschränkung** gibt es nicht, lediglich Summen über $ 10.000 müssen deklariert werden.

Einfuhr USA
› 1 l **Alkohol** bzw. 200 **Zigaretten** oder 100 **Zigarren** (keine kubanischen)
› **Geschenke** im Wert bis $ 100
› **Verboten** ist die Einfuhr von tierischen und pflanzlichen Frischeprodukten/Lebensmitteln sowie von Samen und Pflanzen, außerdem Klappmesser u. a. gefährliche Objekte. Bei Medikamenten in größeren Mengen empfiehlt es sich, ein ärztliches Attest dabei zu haben, da die Einfuhr von Rauschmitteln untersagt ist.
› **Details zu den Zollbestimmungen** finden sich im Internet unter www.customs.gov.

Einfuhr Deutschland/Österreich/Schweiz

Bei der Rückreise nach Europa dürfen folgende Waren zum persönlichen Ge- oder Verbrauch eingeführt werden:
› **Tabakwaren** (über 17-Jährige in EU-Länder und CH): 200 Zigaretten oder 100 Zigarillos oder 50 Zigarren oder 250 g Tabak
› **Alkohol** (über 17-Jährige in EU-Länder): 1 l über 22 Vol.-% oder 2 l bis 22 Vol.-% und zusätzlich 2 l nicht-schäumende Weine; in die Schweiz: 2 l (bis 15 Vol.-%) und 1 l (über 15 Vol.-%)
› **Andere Waren** für den persönlichen Gebrauch (über 15-Jährige) im Wert von bis zu 430 € bzw. CHF 300. Wird diese Summe überschritten, sind Einfuhrabgaben auf den Gesamtwert der Ware zu zahlen.

Details zu den Einfuhrbestimmungen finden sich unter:
› **Deutschland:** www.zoll.de, Zollinfocenter, Tel. 069 46997600
› **Österreich:** www.bmf.gv.at, Zollamt Villach, Tel. 04242 33233
› **Schweiz:** www.ezv.admin.ch, Zollkreisdirektion Basel, Tel. 061 2871111

Elektrizität

In den USA gibt es **Wechselstrom von 110 bis 115 V,** daher müssen mitgebrachte Geräte wie Föhn oder Rasierapparat umstellbar sein. Wegen der anderen Steckdosenform ist außerdem ein **Adapter** nötig, den man am besten schon von zu Hause mitbringt bzw. in einem Flughafen- oder Elektrogeschäft kauft.

Praktische Reisetipps
Geldfragen

Geldfragen

Kreditkarten und Reiseschecks

Das Zauberwort in den USA heißt **credit card** (CC), wobei Mastercard und Visa die gebräuchlichsten sind. Selbst Kleinstbeträge werden mit Kreditkarte bezahlt und sie ist nötig, um Kaution (z. B. für den Mietwagen) zu stellen bzw. eine Buchung zu garantieren. Für das bargeldlose Zahlen werden rund 1 bis 2 % des Betrags für den Auslandseinsatz berechnet. Bargeld am Automaten (ATM/Automatic Teller Machine), bei Banken, aber auch in Hotels zu ziehen, kostet bis zu 5,5 % Gebühr.

Die **Maestro-(EC-)Karte** ist nur an gekennzeichneten Automaten („Cirrus/Maestro") und gegen eine je nach Hausbank variable Gebühr einsetzbar, damit aber günstiger als eine Abhebung per Kreditkarte. Mit der Postbank SparCard lässt sich an gekennzeichneten VISA-PLUS-Automaten sogar zehnmal jährlich gebührenfrei Geld abheben.

Travelers Cheques (TC), günstigenfalls in Höhe von je $ 50 (bei der Bank vorbestellen!), verhelfen z. B. bei American Express- oder Travelex-Filialen, aber auch in Hotels (meist max. $ 50/Tag) schnell zu Bargeld und gelten als Zahlungsmittel in Geschäften. Restbeträge werden bar herausgegeben.

Wie Kreditkarten sind auch Schecks **versichert** (Seriennummern notieren und Kaufbeleg aufbewahren!) und bei Verlust oder Diebstahl kann die Sperrung und der Ersatz von Karten oder Schecks veranlasst werden (s. S. 114).

Bargeld

Bargeld ist nur in wenigen Fällen – wie etwa für Automaten (v. a. Quarter-Münzen) – unbedingt nötig. Selbst in Supermärkten oder an Tankstellen kann mit der Kreditkarte bezahlt werden.

Die amerikanische Währungseinheit ist der **US-Dollar:** $ 1 (one „buck") besteht aus 100 Cent (c).
› **Münzen:** Penny (1 c), Nickel (5 c), Dime (10 c), Quarter (25 c)
› **Banknoten** gibt es im Wert von $ 1, 5, 10, 20, 50, 100, 500 und 1000.

Es ist kein Problem, in einer Filiale von American Express (z. B. am Flughafen) oder Travelex bzw. in Banken wie Capital One Bank (313 Carondelet St.) oder Whitney National Bank (228 St. Charles Ave.) **Euro** (oder Reiseschecks) **in Dollar umzuwechseln,** allerdings ist der Kurs oft ungünstig und es fallen teils hohe Gebühren an.

Preise und Kosten

Die **Hotelkosten** in New Orleans belasten das Reisebudget am meisten, v. a. wenn es sich um Unterkünfte im French Quarter oder im CBD handelt. Dort ist unter $ 100 pro Doppelzimmer und Nacht kaum etwas zu bekommen. Was die **Verpflegung** betrifft, kommt man im Allgemeinen recht preiswert weg. In einem Mittelklasselokal sind zwar mindestens $ 30 für ein volles Essen zu rechnen, es gibt jedoch hinreichend Alternativen zu teuren Restaurants und vieles

Wechselkurs

Stand Ende 2011
1 € = 1,34 $
1 $ = 0,75 € bzw. 0,93 SFr
1 SFr = 1,08 $

New Orleans preiswert

> Mit dem **New Orleans Power Pass** kann man bei Eintritt, Touren usw. Geld sparen. Es gibt ihn für 1, 2, 3 und 5 Tage (ab $ 64,99, Infos: www.visiticket.com/NewOrleans). Zusätzlich werden „MealTickets" (3 Mahlzeiten/Tag) offeriert.
> Wer viel den **öffentlichen Nahverkehr** nutzt, für den lohnt sich der Kauf der günstigen Drei-Tages- oder Wochenkarten (s. S. 129).
> *Gratiskonzerte* werden regelmäßig im New Orleans Jazz National Historical Park [20] oder in der Louisiana Music Factory (s. S. 17) geboten.
> Die Park Ranger des Jean Lafitte National Historical Park offerieren kostenlose **Stadtführungen** (s. S. 120).
> Im Internet gibt es **Rabattcoupons:** www.neworleansonline.com/tools/coupons.html.
> Wer in den richtigen Läden einkauft, erhält über das **Louisiana**

Tax-Free Shopping Program die entrichtete Mehrwertsteuer zurück (s. S. 15).
> Modische Schnäppchen lassen sich im **Tanger Outlet Center** (s. S. 16) in Gonzales machen.

ist sogar preiswerter als in europäischen Großstädten.

Die **Eintrittspreise** sind der Qualität und Größe der Sehenswürdigkeiten angemessen und entsprechen europäischem Niveau. Bis auf die großen Attraktionen fallen meist nicht mehr als $ 10 an. Es gibt für Studenten und Senioren Ermäßigungen und gelegentlich zu bestimmten Zeiten in einigen Museen verbilligten oder freien Eintritt. Die Ticketpreise für den **öffentlichen Nahverkehr** sind moderat, der Tagespass kostet nur $ 5!

▶ *Kostenlose Jazz- u. a. Konzerte finden in New Orleans häufig statt*

Informationsquellen

Informationsstellen zu Hause

> **Fremdenverkehrsbüro New Orleans und Louisiana**, c/o Wiechmann Tourism Service GmbH, Scheidswaldstr. 73, 60385 Frankfurt/Main, Tel. 069 25538270, www.neworleans.de und www.louisianatravel.de

Infostellen in New Orleans

Touristeninformation
❶ **207** [em] **NOMCVB Information Center**, 2020 St. Charles Ave., New Orleans, Tel. 504 5665011, www.neworleanscvb.com, Mo.–Sa. 8.30–17, So. 10–16 Uhr. Das New Orleans Metropolitan Conven-

Praktische Reisetipps
Informationsquellen

tion & Visitors Bureau gibt Broschüren wie „Official Visitors Guide", „Mardi Gras Brochure" oder „French Quarter Walking Brochure" und sonstiges Infomaterial heraus, teils auch online herunterladbar. Außerdem Services wie Hotelbuchung, Tickets und Informationen aller Art.

- ❶ **208** [F4] **NOMCVB Visitor Center/ Louisiana Office of Tourism Welcome Center,** 529 St. Ann Street (Jackson Sq.), Tel. 504 5685661, tgl. 9 - 17 Uhr
- ❶ **209** [E5] **Jean Lafitte NHP - Visitor Center,** 419 Decatur St., Tel. 504 58926361, www.nps.gov/jela/french-quarter-site.htm, tgl. 9 - 17 Uhr. Teil des Jean Lafitte NHP mit Ausstellung zur Stadtgeschichte und Startpunkt kostenloser Führungen durch Park Ranger. Ein Shop mit Büchern und CDs gehört ebenfalls dazu. Anfahrt: Riverfront Streetcar („Toulouse St.") bzw. Bus 5 und 55 („Jackson Square").
- ❯ **Basin Street Station** (s. S. 68). Infostelle mit Ausstellung zu einzelnen Sehenswürdigkeiten der Stadt und der Umgebung sowie zur Eisenbahn.

Veranstaltungs- und Kartenservice

Tickets für Theater, Veranstaltungen etc. (siehe auch S. 31) bucht man am besten möglichst **frühzeitig**, eventuell sogar schon zu Hause über Reiseveranstalter oder im Internet. Vor Ort erhält man Tickets außerdem bei:

- ● **210** [A6] **Ticketmaster,** 1660 Girod St., www.ticketmaster.com, Tel. 504 2800700 oder 18007453000
- ● **211** [em] **Walmart Supercenter,** 1901 Tchoupitoulas St. Ticketverkauf im „Electronics Department"

New Orleans im Internet

- ❯ www.neworleanscvb.com - Website des Tourismusbüros NOMCVB
- ❯ www.neworleansonline.com - Website der Wirtschaftsgemeinschaft New Orleans Tourism Marketing Corporation (NOTMC), die mit NOMCVB kooperiert
- ❯ www.nola.gov - Informationen der Stadtverwaltung (City of New Orleans). Interessant ist v. a. die Rubrik „Visitors".
- ❯ www.nola.com - informative Website der Tageszeitung The Times-Picayune mit News und Sport, Wetter und Verkehr, Sport sowie Anzeigen. Unter „Entertainment" finden sich Tipps zu Restaurants, Events, Musik etc.
- ❯ www.bestofneworleans.com - Seite des Besuchermagazins Gambit - Best of New Orleans, mit ausführlichen Rubriken zu Musik, Küche, Kino, Shopping u. a.
- ❯ www.neworleans.com - Website des New Orleans Magazine mit vielerlei News und Infos zu Hotels, Restaurants, Nightlife und zur Musikszene. Vorstellung von Stadtvierteln, Touren, Attraktionen und Events
- ❯ www.experienceneworleans.com - Infos zu Hotels (auch Reservierung), Restaurants, Shopping, Touren, Events und zur Musikszene sowie Coupons zum Ausdrucken
- ❯ www.gumbopages.com - Tipps zu den Themen Essen, Musik und Kultur in Louisiana, Rezepte, Festivals und Buch/Musik sowie sonstige lokale Neuigkeiten

Publikationen und Medien

Einfache **Stadtpläne** gibt es bei den Touristeninformationsstellen (s. S. 108) und aktuelle **Straßenkarten** bei AAA (s. S. 104). Dazu kann man sich ggf. einen kostenlosen Nahverkehrsplan besorgen, z. B. unter: www.norta.com („Rider Tools"/„Maps & Schedules"/„System") oder in der Touristeninformation.

Zeitungen und Stadtmagazine

Die maßgebliche **Tageszeitung** ist die katholisch-liberale **Times-Picayune** (gesprochen „pikijuun") mit

Unsere Literaturtipps

› **Louis Armstrong** berichtet in „Mein Leben in New Orleans" (1977) über seine Kindheit in der Mississippi-Metropole.

› In „My New Orleans: The Cookbook – 200 of my Favorite Recipes & Stories from my Hometown" (2009) gibt **John Besh**, der derzeit angesagte Koch der Stadt, eine unterhaltsame Einführung in die lokale Küche.

› **Douglas Brinkley**, Geschichtsprofessor der lokalen Tulane University, hat mit „The Great Deluge" (2006) ein äußerst lesenswertes und informatives Buch über die Katastrophe nach dem Hurricane 2005 veröffentlicht.

› **James Lee Burke** gehört zu den berühmtesten Krimiautoren der USA, seine Serie mit dem Polizisten Dave Robicheaux spielt im Cajun Country (New Iberia) und teilweise auch in New Orleans – u. a. „The Neon Rain" (1986), „Dixie City Jam" (1994), „Sunset Limited" (1998), „Last Car to Elysian Fields" (2003), „Crusaders's Cross" (2005) oder „The Glass Rainbow" (2010).

› Eine bissige Beschreibung der New Orleanser Gesellschaft und vor allem der Kreolen liefert **George Washington Cable** in seinen Romanen „Sieur George" (1873), „Old Creole Days" (1879/1915) und „Grandissimes" (1880).

› **Rick Coleman** schrieb mit „Blue Monday. Fats Domino and the Lost Dawn of Rock 'n' Roll" (2006) die erste Biografie über den legendären Musiker, der während Hurricane Katrina 2005 nur sein nacktes Leben retten konnte.

› In „Zeitoun" (2009) beschreibt **Dave Eggers** eindrucksvoll das Schicksal der Familie von Abdulrahman Zeitoun während und nach dem Hurricane 2005 – absolut lesenswert!

› Chefkoch **John D. Folse** hat mit „The Encyclopedia of Cajun & Creole Cuisine" (2004) ein Kompendium zur Küche der ganzen Region geliefert.

› **Frances Parkinson Keyes** verbrachte viele Jahre in New Orleans. Ihr Wohnhaus ⓱, in dem unter anderem „Dinner at Antoine's" (1946) und „Madame Castel's Lodger" entstanden sind, ist heute zu besichtigen.

dem Lokalteil „Metro Section" (werktags $ 0,75, an Wochenenden $ 2). Die New Orleans Tribune (http://theneworleanstribune.com, $ 0,50), 1864 als erste „schwarze" Zeitung in den USA gegründet, erscheint

◂ *Bunte Zeitungsvielfalt aus dem Kasten*

Praktische Reisetipps
Internet

- *Der Musikjournalist Tom Piazza schildert in „Why New Orleans Matters" (2005) mit Leidenschaft die Besonderheiten der Stadt und ihrer Menschen sowie seine persönlichen Eindrücke nach der Katastrophe 2005.*
- *Julie Smiths Krimis liefern packende Gesellschaftsschilderungen der Stadt, z. B. „New Orleans Mourning" (1990), „Jazz Funeral" (1993) oder „Louisiana Lament" (2004).*
- *Eine treffende Satire über die modernen Südstaaten und New Orleans bietet John Kennedy Tooles Roman „A Confederacy of Dunces" (1980).*
- *Mark Twains „Life on Mississippi" (1882) schildert das Leben der Menschen auf dem und am Fluss.*
- *Spike Lees Dokumentarfilme über New Orleans sind absolut sehenswert: „When the Levees Broke: A Requiem in Four Acts" ist eine eindrucksvolle vierstündige Dokumentation über die Ereignisse nach Katrina, während „If God Is Willing and da Creek Don't Rise" sein neuester Film über die „wiederauferstandene" Stadt ist.*

monatlich, Louisiana Weekly (www.louisianaweekly.com, $ 0,50) – ebenfalls mit afroamerikanischer Orientierung – wöchentlich. Dazu gibt es in Hotels, Cafés oder Infostellen kostenlos auslegende **Stadtmagazine** wie Travelhost (zweimal jährlich) oder WHERE (monatlich). Empfehlenswerte Magazine zu speziellen Aspekten sind:

- **Gambit** (www.bestofneworleans.com) – wöchentlich erscheinendes Stadtmagazin (gratis), das über Politik und Lokales, Restaurants, Events, Musik und anderes informiert
- **Off Beat** (www.offbeat.com) – empfehlenswertes Musikmagazin (monatlich, gratis im Großraum New Orleans) zur lokalen Szene (Konzerte, Veranstaltungen, Nightlife, Bands, Hotspots)
- **JAZZIZ Magazine** – vierteljährlich erscheinendes Musikmagazin ($ 15,95) mit CD-Beigaben. Schwerpunkt ist die Jazzszene.

Internet

Internetnutzung per Laptop stellt dank WLAN-Hotspots in New Orleans kein Problem dar. Eine Liste von Einrichtungen, Lokalen und Hotels findet sich unter:

- www.openwifispots.com/city_free_wifi_wireless_hotspot-New_Orleans_LA.aspx
- www.wififreespot.com/la.html

In **Hotels** ist Internetzugang nicht immer kostenlos und gelegentlich nur in der Lobby, nicht aber im Zimmer verfügbar. In öffentlichen Einrichtungen wie der **New Orleans Public Library** (219 Loyola Ave.) steht den Besuchern ein Internetzugang zur Verfügung, ebenso in vielen **Cafés** (s. S. 26) wie den Filialen von Starbucks, PJ's Coffee & Tea oder CC's Community Coffee House oder in Klubs/Bars wie d.b.a. (s. S. 30) gibt es Hotspots.

Wer nicht mit dem eigenen Laptop unterwegs ist, findet in New Orleans auch **Internetcafés**, z. B.:

- **Cybercafe@The CAC.** Internetcafé beim CAC (s. S. 32).

@212 [E4] **Internet Cafe**, 717 Toulouse St.
@213 [D5] **krystal on bourbon**, 116 Bourbon St. Computer mit Highspeed-Internet.

Maße und Gewichte

Längen

1 inch (in)	2,54 cm
1 foot (ft)	30,48 cm
1 yard (yd) (= 3 feet)	0,91 m
1 mile (= 1760 yards)	1,61 km

Flächen

1 square inch	6,45 cm²
1 square feet	929 cm²
1 square yard	0,84 m²
1 acre	4046,80 m²
	(0,405 ha)
1 square mile (= 640 acres)	2,59 km²

Hohlmaße

1 pint	0,47 l
1 quart (= 2 pints)	0,95 l
1 gallon (= 4 quarts)	3,79 l

Gewichte

1 ounce (oz)	28,35 g
1 pound (= 16 ounces)	453,59 g

Temperaturen

(Grad Fahrenheit − 32) x 0,56 = Grad Celsius

23 Grad F	−5 Grad C
32 Grad F	0 Grad C
50 Grad F	10 Grad C

Konfektionsgrößen

Herren
Deutsche Bekleidungsgrößen (z. B. 50) minus 10 ergibt amerikanische Größe (40)

› **Herrenhemden**

D	36	37	38	39	40/41	42	43
USA	14	14,5	15	15,5	16	16,5	17

› **Herrenschuhe**

D	39	40	41	42	43	44	45
USA	7	7,5	8	8,5/9	9,5/10	10,5	11,5

Damen

D	36	38	40	42	44	46
USA	6	8	10	12	14	16

› **Damenschuhe**

D	36	37	38	39	40	41	42
USA	5,5	6/6,5	7/7,5	8	9	9,5	10

Kinder

D	98	104	110	116	122
USA	3	4	5	6	6x

› **Kinderschuhe**

D	23	24	25	26	27	28	29	30	31	32	33
USA	6,5	7,5	8,5	9,5	10,5	11,5	12,5	13	1	1,5/2	2,5

Praktische Reisetipps

Medizinische Versorgung, Mit Kindern unterwegs

Medizinische Versorgung

Besonderen Risiken sind Reisende in New Orleans nicht ausgesetzt. Spezielle Impfungen sind nicht nötig und das Leitungswasser kann unbesorgt getrunken werden.

Erkältungen aufgrund der üblichen **Vollklimatisierung** von Räumen, Läden etc. kann man durch entsprechende Kleidung (Jacke, Pullover, Halstuch) vorbeugen.

Hygiene wird in den USA großgeschrieben und WCs sind normalerweise sehr sauber.

Den hohen Arzt-, Medikamente- und Krankenhauskosten in den USA steht ein **hoch entwickeltes medizinisches System** gegenüber. Eine schnelle und gründliche Behandlung ist gesichert, vorausgesetzt, man kann die eigene **Zahlungsfähigkeit** (zum Beispiel durch Vorlage einer Kreditkarte) nachweisen.

Bei Praxisbesuchen ist im Allgemeinen sofort zu bezahlen. Gesetzliche Krankenkassen übernehmen die Kosten nicht, deswegen ist der Abschluss einer **Reisekrankenversicherung** (s. S. 130) empfehlenswert.

Krankenhäuser und Arztpraxen

Hausbesuche sind in den USA unüblich. Im **Notfall** sucht man eine Arztpraxis (Adressen erfährt man im Hotel) auf, fährt zu einer Notaufnahme *(emergency room)* oder ruft einen Krankenwagen (Tel. 911). Zentrumsnah liegen folgende medizinische Zentren bzw. Kliniken:

- **214** [D8] **New Orleans Urgent Care**, 900 Magazine St., Tel. 504 5522433, Mo.–Sa. 11–19, So. 9–13 Uhr. Ärztekomplex im Warehouse District.
- **215** [B5] **Tulane Medical Center**, 1415 Tulane Ave., Tel. 504 9885800 oder 18005885800
- **216** [an] **Children's Hospital of New Orleans**, 200 Henry Clay Ave, Tel. 504 3221506
- **217** [ei] **Emergency Dentist 24/7**, 1537 N Broad St., Tel. 504 6134751. Rund um die Uhr Hilfe bei Zahnschmerzen.

Apotheken

Pharmacies (Apotheken) sind selten, dafür gibt es in jedem Supermarkt und *drugstore* ein Grundsortiment (größer und preiswerter als in Deutschland) an freiverkäuflichen Arzneimitteln. In *drugstores* kann man an speziellen Schaltern auch ärztliche Verordnungen *(prescriptions)* für rezeptpflichtige Medikamente einlösen.

In New Orleans verbreitet sind CVS Pharmacy, Rite Aid, Kmart und Walgreen's, z. B. bei folgenden zentralen Adressen:

- **218** [D5] **Walgreen's**, 134 Royal St.
- **219** [C5] **Walgreen's**, 900 Canal St.

Mit Kindern unterwegs

Kinder sind in den USA gern gesehen und kommen in den Genuss von vielerlei Vergünstigungen, so z. B. in öffentlichen Verkehrsmitteln. In Hotels übernachten Kids oft kostenlos im Zimmer ihrer Eltern, Restaurants bieten vielfach Kindermenüs und -sitze und in Museen gelten Sondertarife.

Das NOMCVB (s. S. 108) hat für Familien mit Kindern Tipps zusammengestellt, die man unter **www.neworleansonline.com/neworleans/family** findet. Interessant sind beispielsweise Besuche im Louisiana Children's Museum (s. S. 35), im Au-

Praktische Reisetipps
Notfälle

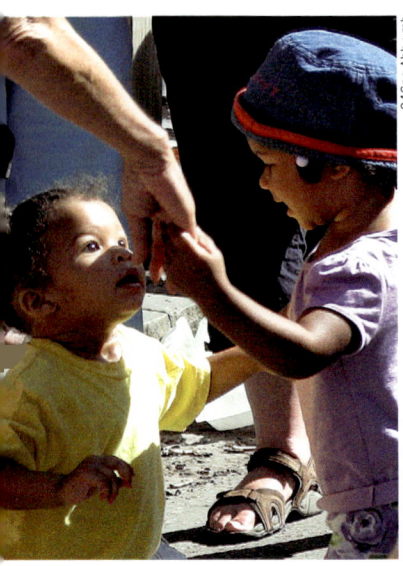

dubon Zoo (s. S. 33) bzw. im Aquarium (mit IMAX Theater, s. S. 33) oder im Insectarium (s. S. 33).

Im **City Park** ❸ gibt es den Carousel Gardens Amusement Park & Storyland. Puppen und Puppenhäuser sowie vielerlei Spielzeug sind im **The House of Broel** (s. S. 36) zu sehen und gigantische Karnevalswagen, Masken und Kostüme bei **Blaine Kern's Mardi Gras World** ㉙.

Bei schönem Wetter bietet sich eine Fahrt mit einer **Pferdekutsche** (s. S. 122), eine **Geistertour** (s. S. 120) oder eine **Schifffahrt** auf dem Mississippi (s. S. 122) an.

Notfälle

Polizeireviere gibt es in jedem Stadtviertel (http://911nola.org). Bei Diebstahl (z. B. Reisepass, Kreditkarte) oder sonstigen Verbrechen ist dort **Anzeige** zu erstatten.

Für die Ausstellung eines Ersatzreiseausweises ist die diplomatische Auslandsvertretung (s. S. 104) zuständig. Auch in anderen Notfällen, z. B. medizinischer oder rechtlicher Art, bemüht man sich dort, vermittelnd zu helfen.

➜**220** [D5] **New Orleans Police Department**, 334 Royal St.
➜**221** [D4] **New Orleans Police Department**, 501 N Rampart St.

Kartensperrung

Bei Verlust der Maestro-(EC-) oder der Kreditkarte gibt es für Kartensperrungen eine **deutsche Zentralnummer**. Man sollte vor der Reise klären, ob die eigene Bank diesem Notrufsystem angeschlossen ist. **Österreicher** und **Schweizer** sollten sich vor Abreise bei ihrer Bank oder ihrem Kreditinstitut über den gültigen Sperrnotruf informieren.

Generell sollte man sich immer die **wichtigsten Daten** wie Kartennummer und Austellungsdatum separat

> **EXTRAINFO**
>
> **Im Notfall**
> › **Zentraler Notruf** (Polizei, Krankenwagen und Feuerwehr, kostenlos): Tel. 911. Sofern es sich um keinen akuten Notfall handelt, wählt man:
> › **Feuer:** Tel. 504 4832550
> › **Polizei:** Tel. 504 8212222
> › **Notruf (EMS/emergency medical services):** Tel. 504 8273200
>
> Unbedingt vor Reiseantritt für alle Karten, Schecks und Versicherungen die **Notfalltelefon- sowie Karten- und Policennummern notieren** und separat einpacken. Beim Eintreten eines gravierenden Notfalls die Versicherungsgesellschaft telefonisch kontaktieren!

Praktische Reisetipps

Öffnungszeiten, Post, Schwule und Lesben

notieren, da diese unter Umständen abgefragt werden.
› **Deutscher Sperrnotruf** (aus den USA): Tel. 011 49116116 oder 011493040504050

Wer dringend eine größere Summe Geld benötigt, kann sich diese von zu Hause über **Western Union** via Postbank oder Reisebank (z. B. an Bahnhöfen oder Flughäfen bzw. online) schicken lassen.
› **Reisebank:** Tel. 0180 5225822
› **Western Union:** Tel. 0180 1818123, www.westernunion.de

Fundbüros

Es gibt kein zentrales städtisches Fundbüro. Am Flughafen befindet sich die Fundstelle auf dem *Upper Level* im West Terminal nahe dem Continental Ticketschalter (Mo.–Fr. 8–16 Uhr, Tel. 504 4642671). Bei verlorenen Gegenständen in öffentlichen Verkehrsmitteln (RTA) helfen folgende Nummern weiter:
› **Canal St./Riverfront Streetcars:** Tel. 504 8278399
› **St. Charles Streetcars:** Tel. 504 8278451
› **Busse:** Tel. 504 9405586

Öffnungszeiten

In den USA gibt es kein verbindliches Ladenschlussgesetz. **Geschäfte** haben je nach Art und Größe von 9/10 bis mind. 18 Uhr, an Sonntagen nur teilweise (in touristischen Zentren) und wenn, dann nachmittags geöffnet.
› **Kaufhäuser/Malls:** 10–19/20 Uhr, So. meist 11/12–17/18 Uhr
› **Restaurants:** ca. 12–15 und 18–22 Uhr warmes Essen

› **Bürozeiten:** Mo.–Fr. 9–17 Uhr
› **Banken:** Mo.–Fr. 10–14/15 Uhr
› **Postämter:** Mo.–Fr. 8/9–17, Sa. bis 13/14 Uhr
› **Museen und Sehenswürdigkeiten** besucht man am sichersten Di. bis So. von 10 bis 17 Uhr.

Post

Briefkästen sind blau-rot und mit der Aufschrift „US-MAIL" und einem Adler gekennzeichnet. Die Post braucht im Allgemeinen 5 bis 7 Tage, Express Mail und Priority Mail sind schnellere, aber teurere Versandmöglichkeiten. Größere Sendungen schickt man per **parcel service** (z. B. UPS, FedEx, DHL).

Die **Portogebühren** (Stand 2011) nach Deutschland, Österreich und in die Schweiz betragen für Karten und Standardbriefe bis 1 oz (28 g) 98 c (jedes weitere oz: 84 c.).

Für **Inlandspost** (Standard oder First Class) gilt: Briefe bis 1 oz (28 g) kosten 44 c, jedes weitere oz 17 c., Karten 28 c.

Zentral gelegen sind z. B. folgende Postämter:

✉ **222** [B7] **US Post Office,** 701 Loyola Ave., nahe Union Station
✉ **223** [D7] **US Post Office,** 610 S Maestri Pl./St. Charles Ave.

Schwule und Lesben

Da New Orleans schon immer als besonders liberal und etwas verrückt galt, das Klima mild und die Feierlaune groß ist, wundert es nicht, dass hier eine große LGBT-Gemeinde zu

◂ *In New Orleans wird auch für Kinder viel geboten*

Schwule und Lesben

> **EXTRATIPP**
>
> **LGBT-Szene im Internet**
> - www.gayneworleans.com
> - http://neworleans.gaycities.com – Tipps zu Bars und Klubs, Lokalen, Hotels, Shops u. a.
> - www.neworleansonline.com/neworleans/glbt
> - www.gayprideneworleans.com
> - www.navigaytour.com – LGBT-Guide mit 32 Seiten und „Gay History Trail Map"

Hause ist. Sie konzentriert sich v. a. auf das French Quarter, daneben sind Marigny und Bywater beliebt. Anlaufpunkte und Treffs sind:

224 [G2] **Faubourg Marigny Art & Books**, 600 Frenchmen/Chartres St. Bücher, CDs, Poster, Karten, Geschenkartikel usw., dazu Veranstaltungen und Anlaufpunkt für die LGBT-Szene.

225 [G3] **Gay & Lesbian Community Center of New Orleans**, 2114 Decatur St., Tel. 504 9451103, www.lgbtccno.org. Treff, verschiedene Services und Events.

Klubs und Bars

226 [E3] **Bourbon Pub**, 801 Bourbon St., www.bourbonpub.com, Tel. 504 5292107. Täglich 24 Std. geöffneter Danceclub mit mehreren Bars, v. a. Männerpublikum.

227 [E3] **Café Lafitte in Exile**, 901 Bourbon St., Tel. 504 5228397, www.lafittes.com. Älteste Gay Bar in Nordamerika, Tennessee Williams war hier Dauergast. Tanzfläche und Bar, Billiard und Balkon, der besonders zu Mardi Gras beliebt ist. 24 Std. geöffnet.

228 [E3] **Oz**, 800 Bourbon St., Tel. 504 5939491, www.ozneworleans.com. Gay Night Club No. 1 in New Orleans (Männerpublikum). Bar, Disco, hochkarätige DJs (v. a. House). Sehen und Gesehenwerden sowie Laserlightshow.

229 **Club Tribute**, 3200 N. Arnoult Rd./19th St., Metairie, www.myspace.com/clubtribute, Tel. 504 4551311. Beliebter Lesbenklub und Cocktaillounge mit Livemusik und DJs. Ausschließlich weibliche Bedienungen.

Veranstaltungen

- Die größte LGBT-Veranstaltung in New Orleans heißt **Southern Decadence** (www.southerndecadence.net) und findet vom Mittwoch vor Labor Day bis Labor Day (1. Mo. im Sept.) statt. Großteils handelt es sich um ein Straßenfest im French Quarter.
- In der zweiten Junihälfte wird das **New Orleans Pride Festival Weekend** (www.gayprideneworleans.com) von der LGBT-Gemeinde hochgehalten.

LGBT-Hotels

Im Internet findet man unter www.gayneworleans.com/lodgingn.htm zahlreiche Hotels für die LGBT-Gemeinde, z. B.:

230 [G1] **Aaron Ingram Haus**, 1012 Elysian Fields, Tel. 504 9493110, www.ingramhaus.com. Günstige Alternative zu teuren Hotels, mit Suiten um einen Innenhof.

231 [fj] **Burgundy Bed and Breakfast**, 2513 Burgundy St., Tel. 504 9421463, www.theburgundy.com. Historisches Haus, das von Schwulen betrieben wird. Vier Zimmer, Innenhof und Whirlpool. Nähe zu French Quarter und zahlreichen LGBT-Bars/Klubs.

▶ *Polizeipatrouillen mit Motorrad oder zu Pferd machen das French Quarter sicher*

Praktische Reisetipps
Sicherheit

Sicherheit

New Orleans genießt bei Amerikanern in Sachen Sicherheit noch immer **keinen allzu guten Ruf.** Das hat jedoch nur begrenzt Berechtigung und durch das aufgestockte Polizeiaufgebot sind das French Quarter und v. a. die Bourbon Street die bestkontrollierten Areale der Stadt, hier patrouillieren NOPD-Officer auch auf Segways und sogar zu Pferd.

Vorsicht ist wie in jeder Großstadt geboten und *street crimes* wie Taschendiebstähle etc. kommen auch in New Orleans vor und besonders bei Massenevents (Karneval, Festivals etc.) und Menschenaufläufen, in öffentlichen Verkehrsmitteln oder während Veranstaltungen treiben **Langfinger** ihr Unwesen.

Man ist gut beraten, die **üblichen Vorsichtsmaßnahmen** zu beherzigen: zum Beispiel das Portemonnaie nicht lose in der Hosentasche haben und die Handtasche oder den Fotoapparat nicht locker über der Schulter tragen. Bargeld sollte man nur in kleineren Mengen mit sich führen und das Aufteilen von Geld/Schecks zwischen zwei zusammen reisenden Personen ist ebenso empfehlenswert wie das Aufbewahren wichtiger Dokumente und teuren Schmucks im Hotelsafe.

Einsame Viertel und Straßen – vor allem außerhalb der touristischen Zentren – sollte man v. a. bei Dunkelheit und wenn man solo unterwegs ist meiden, ebenso sind **Friedhofsbesuche** allein nicht unbedingt empfehlenswert. Es ist ratsam (auch im French Quarter), in belebten, hell beleuchteten Arealen zu bleiben – am besten nüchtern und aufmerksam.

Bettelnde **Obdachlose** auf den Straßen sind verbreitet, mehrheitlich jedoch harmlos.

Sport und Erholung

Aktivsport

Louisiana gilt als „**Sportsmen's Paradise**" und Bootsfahrten, Fischen und Jagen, Wandern und Radfahren, Golf und Tennis werden hier großgeschrieben. Auch in New Orleans wird in Sachen Freizeitsport viel geboten. Zentren sind dabei die beiden großen Parks der Stadt:

- 232 [am] **Audubon Park,** tgl. 5–22 Uhr, Riverview (Parkteil zum Mississippi hin) 5–21 Uhr, www.auduboninstitute.org/visit/audubon-park. Das gut 160 ha große Areal zwischen St. Charles Ave. und Mississippi, nahe der Tulane University, hat außer einem weltberühmten Zoo einen Golfplatz, Jogging- und Fahrradwege, Tennisplätze und einen Reitstall zu bieten. Dazu gibt es einen Swimmingpool, Kinderspielplätze und das Audubon Clubhouse Café (Di.–Sa., Zugang: Magazine St. gegenüber Zoo).
- 33 [ci] **City Park.** Auf gut 610 ha gibt es hier Rad- und Bootsverleih, Golf- und Tennisplätze, Reitställe, ein Karussell (Carousel Gardens Amusement Park & Storyland) und nicht zuletzt den Botanischen Garten sowie das Museum of Art, http://neworleanscitypark.com.

Fahrräder können gemietet werden bei:
- › **Joy Ride Bike Rentals,** Tel. 504 9821617, www.joyridebikerentals.com. Fahrräder werden zum Hotel gebracht. Pro Tag $ 30, über das Wochenende $ 80 (siehe auch S. 121 und S. 122).

Zuschauersport

Die Lieblinge der Stadt sind die **Footballer,** die **Saints** (siehe www.neworleanssaints.com), eines von 30 NFL-Teams. Sie spielen von September bis Dezember im **Superdome. College Football,** wenn auch nicht der Spitzenklasse, bietet die Tulane University (www.tulanegreenwave.com, Sept.–Nov.). Zu den College-Topteams im Football, aber auch im **Baseball,** gehören die **Louisiana State Tigers (LSU),** die ihrer Spiele in Baton Rouge austragen (siehe www.lsusports.net).

Im **Baseball** bieten die Minor Leagues Ersatz dafür, dass es in New Orleans kein Profiteam in der MLB (Major League Baseball) gibt. Die **Zephyrs** aus der AAA-Liga, der besten Aufbauliga der MLB, spielen im **Zephyr Stadium** (6000 Airline Hwy., Metairie, www.zephyrsbaseball.com), das bis zu 10.000 Plätze bietet.

▶ *Football spielt die erste Geige, doch auch Baseball (hier die Louisiana State Tigers) ist beliebt*

Praktische Reisetipps
Sport und Erholung

Seit Herbst 2002 geht wieder eine **Profi-Basketballmannschaft** der NBA auf Korbjagd: die **New Orleans Hornets** (www.hornets.com). Sie spielen in der **New Orleans Arena** (17.200 Plätze) gleich neben dem Superdome. **College Basketball** bieten die Teams der New Orleans University (www.unoprivateers.com) und der Tulane University (www.tulanegreenwave.com). Die **New Orleans VooDoo** (www.GoVooDoo.com) sind ein Tochterunternehmen der New Orleans Saints und bieten **Arena Football**, eine für Hallen adaptierte Variante des Football, die sich seit einigen Jahren in den USA wachsender Beliebtheit erfreut (Spiele: New Orleans Arena).

Southern Drawl

„Hi y'all" („ha-yol") – „Hallo alle zusammen!" Die Sprache der Südstaatler hat mit gewöhnlichem Englisch wenig zu tun. Schon Mark Twain meinte „a Southerner talks music" und mokierte sich über das gestelzte Englisch der Yankees. Der Südstaatler kultiviert bewusst eine **breite, gedehnte Sprechweise**, den „Southern Drawl", liebt das Geschichtenerzählen, Klatsch und Tratsch. „Southern conversation is going anywhere, not about anything" – man vertreibt sich die Zeit auf der Terrasse bei Eistee, „sitting a spell on the front porch".

Theoretisch lassen sich die sprachlichen Besonderheiten zwar gut zusammenfassen, was die Verständlichkeit aber nicht besser macht. Da wären zunächst **Verkürzungen** wie „y'all" („you all"), „ol'" („old"), „sorter" („sort of"), „'bout" („about"), „lill" („little"), „less" („let us") oder **doppelte Modalkonstruktion** wie „I may can do that". „**Done**" ist ein beliebtes Wort zur **Betonung eines Umstandes** („I really done saw that"), und **Verben in der Verlaufsform** wird oft ein „a" vorangestellt, dafür entfällt gerne das „End-G" („awaitin'" statt „waiting").

Phonetisch wird es fast noch komplizierter: Dass das „r" nach Vokalen fehlt (z. B. „dahlin'" für „darling", „popla" für „popular") und Vokale gedehnt werden, ist noch eher zu verkraften als die Tatsache, dass manche Vokale ganz anders ausgesprochen werden, z. B. „a" wie „i" oder „ee" wie „a". „Think" klingt dann wie „dank" und „just" wie „jest". Andererseits wird aus „that" ein „dat", aus „and" ein „en" und aus „would" ein „du".

Allein der unübersetzbare Schlachtruf der Football-Fans in New Orleans „Who Dat!" (s. S. 83) macht deutlich, dass hier ein besonderer, **lokaler Dialekt** gesprochen wird. Dabei vermischt sich der Southern Drawl mit **französischen, karibischen und spanischen Besonderheiten**. Experten vergleichen den Stadtdialekt mit dem des New Yorker Boroughs Brooklyn, wo z. B. aus dem „sink" (Waschbecken) ein „zink", aus „ask" (fragen) „ax" und aus „oil" (Öl) „erl" wird.

„Making groceries" bedeutet, dass man einkaufen geht, und das Wort „Yat" verkürzt in New Orleans die Frage „Where y'at?" („How are you?"). Am 1. November feiert man andererseits „la toussaint" (Allerheiligen), es gibt „beignets" und „café au lait", „banquettes" (Fußwege) und „lagniappes" (Zugaben).

Sprache

Ganz ohne **Englisch** kommt man in New Orleans nicht aus, etwas Französisch kann ebenfalls nicht schaden, wenn auch das **Cajun French** mit dem Schulfranzösisch nicht viel gemeinsam hat. *Small talk* ist in der Regel auch mit kleinem Wortschatz möglich.

Das **Amerikanische** weicht zum Teil vom **Schulenglisch** ab, es gibt Unterschiede bezüglich Wortschatz, Grammatik und Aussprache. Gewisse **Universalfloskeln** gehören zum guten Ton, z. B. „How are you (today)?" Diese Frage nach dem Befinden ist aber vor allem auch eine Begrüßungsformel. „Have a nice day/trip" dient der Verabschiedung, ebenso wie „It was a pleasure meeting you" oder „See you". Letzteres ist selten als Einladung gemeint, sondern vielmehr ein legerer Abschiedsgruß.

In die Feinheiten des Amerikanischen führen die **Sprechführer** „Amerikanisch – Wort für Wort", „American Slang – das andere Englisch" und „More American Slang" mit begleitendem Tonmaterial aus der Kauderwelsch-Reihe des Reise Know-How Verlags ein.

Stadttouren

Kommerzielle Tourveranstalter wie **Gray Line** (www.graylineneworleans.com) bieten verschiedene Touren, großteils in Bussen und Booten, darunter eine Hurricane Katrina Tour, Swamp, Plantation, Ghost Tours u. a. Führungen. Am lohnendsten sind meist Walking Tours (zu Fuß, meist zweistündig, um die $ 20) und – je nach Geschmack – Spezialtouren wie Geister-, Vampir- oder Friedhofstouren. Eine vorherige Anmeldung ist in den meisten Fällen nötig.

Eine Vielzahl von **Touren** kann an verschiedenen Tourbüros oder Infoständen, z. B. bei **Big Easy Tours** (www.bigeasytours.us, Decatur/Dumaine St.), gebucht werden. Ein gemischtes Tourspektrum bieten:

› **Tours by Isabelle,** Tel. 504 3980365, www.toursbyisabelle.com. Verschiedene Touren in Kleinbussen (inkl. Hotelabholung). Interessant ist z. B. eine „Post-Katrina Tour", außerdem gibt es Airboat und Swamp Tours sowie Plantagentouren und Kombinationen.

› **Historic New Orleans Tours,** Tel. 504 9472120, www.tourneworleans.com. Verschiedene zweistündige Walkingtouren ($ 20), darunter Voodoo-, Hurricane- und Jazztouren, sowie Fahrten in die Sümpfe und zu Plantagen.

Walking Tours

› **Friends of the Cabildo Walking Tours,** Tel. 504 5249118, ab 1850 House Museum Store/523 St. Ann Street, nahe Jackson Sq., Di.–So. 10/13.30 Uhr, $ 15, zweistündige Führungen durch das Vieux Carré (ohne Reservierung!)

› Vom **Jean Lafitte NHP – Visitor Center** (s. S. 109), Teil des Jean Lafitte NHP, starten kostenlose Führungen. Nach dem „first-come-first-served"-Prinzip werden dafür ab 9 Uhr Tickets ausgegeben. Um 9.30 Uhr starten dann Park Ranger mit max. 25 Besuchern ihren einstündigen Spaziergang entlang der Riverfront und geben Erläuterungen zur Geschichte der Stadt.

Spezialtouren

› **Haunted History Tours,** Tel. 504 8612727, www.hauntedhistorytours.com, zweistündig. Interessante Garden District Tour, aber v. a. Spezialtou-

Praktische Reisetipps
Stadttouren

▲ *Mit der Pferdekutsche durchs French Quarter – nur eine von vielen möglichen Touren*

ren wie Geister-, Voodoo-, Vampir- und Friedhofstouren.
› **Le Monde Creole,** Tel. 504 5681801, www.mondecreole.com, tgl. 10.30 Uhr, So. 10 Uhr, auch auf Deutsch, ab 624 Royal St., mit hübschem Shop. Zweistündige French Quarter Courtyards & Cemetery Tour mit „Laura Locoul" (1861–1963), einer Creolen-Lady. Außerdem Cemetery & Voodoo Tour, Mo./Mi./Sa. 9.30 Uhr.
› **New Orleans Culinary History Tours,** www.noculinarytours.com, Tel. 504 4279595. Auf kulinarischen Spuren durch das French Quarter inklusive Blick in verschiedene Restaurants, darunter Antoine's (1840) und Tujague's (1856). Hinterher weiß man über Creole und Cajun Cooking sowie Spezialitäten Bescheid (3 Std., $ 46).
› **The Original Ghost and Vampire Tour,** www.neworleansghosttour.com, Tel. 504 8612727. Ghost Tour durch das French

> **EXTRATIPP**
>
> **„The Lower Nine" nach Katrina**
> **Ninth Ward Rebirth Bike Tours** (http://ninthwardrebirthbiketours.com, Tel. 504 9099959) sind vierstündige Fahrradtouren (Mo./Do./Fr./Sa., $ 55) durch Lower Ninth Ward. Dieses einst lebendige Wohnviertel wurde von Hurricane Katrina am schlimmsten zerstört. Während der Tour sieht man, was seither geschehen ist und erfährt, wie es weitergehen soll. Mit Stopps am Ronald Lewis Backyard Museum, dem House of Dance and Feathers, an einem Po-Boy-Imbiss, am Bayou Bienvenu und an Fats Dominos Haus.

Stadttouren

Quarter tgl. 18/20 Uhr, Friedhofstour Mo.–Sa. 10/13.15, So. nur 10 Uhr. Startpunkt: Rev. Zombie's Voodoo Shop (723 St. Peter St.), Vampire Tour 20.30 Uhr ab Jackson Sq. gegenüber St. Louis Cathedral.

> **Save our Cemeteries**, Tel. 504 5253377, www.saveourcemeteries.org. Fundierte einstündige Friedhofstouren durch Lafayette No. 1 (Mo./Mi./Fr./Sa. 10.30 ab Washington Ave. Gate, $ 10) und St. Louis No. 1. (Fr./Sa./So. 10 Uhr, ab Basin Street Station VC, 501 Basin St., $ 12). Keine Reservierung nötig.

> **Royal Carriages**, Tel. 504 9438820, www.neworleanscarriages.com. Pferdekutschtouren tgl. 8.30–24 Uhr an der flusszugewandten Seite des Jackson Square (Decatur St.), 30 Min. $ 75 (bis zu 4 Pers.), 60 Min. $ 150.

> **Confederacy of Cruisers**, Tel. 504 4005468, www.confederacyofcruisers.com. Interessante Fahrradtouren, z. B. Our Original Creole New Orleans Bicycle Tours oder History of Drinking in New Orleans Bike Tour (3 Std. inkl. Drinks) sowie Culinary Bike Tour.

Swamp Tours

Es gibt verschiedene Bootsfahrten in die Sümpfe mit mehr oder weniger langer Anfahrt und zu Preisen ab ca. $ 25. Gelegentlich wird der Bustransfer vom Hotel zu den Bayous (mind. eine Stunde) extra angeboten. Die Tourdauer (meist ca. zwei Stunden) unterscheidet sich ebenso wie Größe, Ausstattung und Lautstärke der Boote und die Anzahl der Teilnehmer. Aus ökologischen Gründen sollte man die lauten Airboats und die großen „Party Boats" besser meiden.

Informationen zu den Veranstaltern gibt es unter:

> www.neworleansonline.com/neworleans/tours/swamptours.html

EXTRATIPP

Kochkurse mit Humor

> **New Orleans School of Cooking**, 524 St. Louis, Tel. 504 5252665, www.neworleansschoolofcooking.com. 2,5- (tgl. 10–12.30) oder 2-stündige Kochkurse (Fr./Sa. 14–16 Uhr) mit Kostproben zu unterschiedlichen Themen, z. B. Gumbo, Jambalaya und Etouffee. Viel Spass, allerdings weniger für ambitionierte Köche. Großer Laden zugehörig (s. S. 18).

> **Crescent City Cooks**, 500 Port of New Orleans Place, im Riverwalk, www.crescentcitycooks.com, Tel. 504 5291600. Kochkurse täglich 10 Uhr, mit wechselnden Gerichten, großer Shop zugehörig (s. S. 18).

Nachfolgend eine kleine Auswahl:

> **Dr. Wagner's Honey Island Swamp Tours**, www.honeyislandswamp.com, Tel. 985 6411769. Ökologische Touren in kleineren Flachbooten ab Slidell, Vögel- und Tierbeobachtung.

> **Pearl River Eco-Tours**, Tel. 9856494200, www.pearlriverecotours.com. Kleine Boote ab Slidell (I-10 Exit 264) durch den Honey Island Swamp.

Schiffsausflüge

> **New Orleans Paddlewheels**, Tel. 1 800 4454109, www.creolequeen.com. Fahrten mit der Creole Queen, einem nachgebauten Schaufelraddampfer, wie er in den 1850er-Jahren auf dem Mississippi unterwegs war. Dinner Jazz Mississippi River Cruise (mit Jazz und Buffet $ 66) sowie Chalmette Battlefield River Cruise ($ 22) und Swamp Tours. Die Anlegestelle befindet sich am Riverwalk Market Place (1 Poydras St.).

> Steamboat Natchez, Tel. 1 800 365262, www.steamboatnatchez.com, Tickets und Abfahrt: Toulouse Street Wharf (JAX Brewery, s. S. 16), zweistündige Harbor Jazz Cruise (zweimal tgl. $ 24,50, mit Lunch $ 35,50) sowie Dinner Jazz Cruise um 19 Uhr mit Musik ($ 41 bzw. $ 67,50), Tour durch den Steam Engine Room und Calliope (Orgel) Concert inklusive.

Telefonieren

Ein **dreistelliger area code** – im Großraum New Orleans durchgängig **504** – geht der siebenstelligen Rufnummer voraus, muss aber bei Ortsgesprächen aus dem Festnetz nicht mitgewählt werden. Die Rufnummer kann auch als werbewirksame **Buchstabenkombination** (2 – ABC, 3 – DEF, 4 – GHI, 5 – JKL, 6 – MNO, 7 – PQRS, 8 – TUV, 9 –WXYZ) angegeben sein.

Gebührenfrei, aber regional begrenzt, sind 1–800er-/866er-/877er-/888er-Nummern, teuer sind jene, die mit 1–900 beginnen.

In Hotels bereitet das Telefonieren kein Problem und es wird meist über Kreditkarte abgerechnet. Öffentliche Fernsprecher sind selten geworden und erfordern zudem massenhaft Quarter-Münzen. Bei Telefonkarten wird grundsätzlich unterschieden zwischen **calling cards** (monatliche Abrechnung vom Kreditkartenkonto) und **prepaid** oder **phone cards** (geladen mit einem bestimmten Betrag). Da die Karten zur schwer durchschaubaren Wissenschaft geworden sind, hier einige **hilfreiche Websites:**
> www.callingcards.com – Übersicht über Anbieter und Preise. Ähnlich:
> www.long-distance-phone-cards.info/callingcards
> www.us-callingcard.info – empfehlenswerte, beliebig wiederaufladbare Karte ohne Grundgebühr

Mobile Phone

Zur Nutzung der in den USA gut ausgebauten **GSM-Mobilfunknetze** (850/1900 MHz) ist ein Triband- oder Quadbandgerät nötig. Der eingedeutschte Begriff „Handy" existiert im Amerikanischen nicht, das Wort *handy* bedeutet nichts anderes als „handlich", „praktisch" oder „geschickt". Man spricht stattdessen von *cell(ular)* oder *mobile (phone)*.
> www.callingcards.com – Übersicht über Anbieter und Preise. Ähnlich:
> www.long-distance-phone-cards.info/callingcards

Uhrzeit und Datum

Die USA sind in vier Hauptzeitzonen eingeteilt – Eastern Time, Central Time, Mountain Time, Pacific Time –, die eine Verschiebung von der mitteleuropäischen Zeit um sechs bis neun Stunden bedeuten. In New Orleans gilt **Central Time**, d. h. **7 Stunden Zeitverschiebung**. Wenn es in Deutschland 18 Uhr, ist es in New Orleans 11 Uhr vormittags.

In den USA wird bei der Uhrzeit nicht bis 24 durchgezählt, sondern nur bis 12. Das Nachstellen von **a.m.**

Internationale Vorwahlen

> in die **USA**: 001
> nach **Deutschland**: 01149
> nach **Österreich**: 01143
> in die **Schweiz**: 01141
> **R-Gespräche**: 18002920049

Unterkunft

(ante meridiem) weist auf vormittags, **p.m.** (post meridiem) auf nachmittags hin. 12 Uhr mittags heißt noon, 0 Uhr midnight.

Sommerzeit *(daylight saving time)* herrscht in den USA vom 1. Märzwochenende bis zum 1. Novemberwochenende.

Das **Datum** wird in der Reihenfolge Monat–Tag–Jahr angegeben, z. B. Jan. 28, 2011 oder kurz 1/28/2011.

Unterkunft

Der Großraum New Orleans verfügt über knapp 37.000 Hotelzimmer, trotzdem ist ganzjährig eine **Reservierung** angeraten. Vor Ort kann man es direkt bei einem Hotel, im Visitor Center (auch Coupons erhältlich) oder am Flughafen versuchen. Besonders während Großveranstaltungen wie Mardi Gras oder dem Jazz Festival sollte man besser von **zu Hause aus buchen**. So sind beispielsweise das Monteleone (s. S. 126), Royal Sonesta, Maison St. Charles (s. S. 126), Holiday Inn French Quarter, W French Quarter oder Sheraton für Preise ab ca. 90 € pro Doppelzimmer im Angebot hiesiger Reiseveranstalter.

Auch auf **www.neworleansonline.com** lassen sich unter „Where to stay" Hotels aller Kategorien finden und buchen und ebenso hilft www.neworleanscvb.com (unter „Where to Stay"). Bei Brokern sind Hotels in allen Kategorien zu finden:

> www.expedia.de
> www.hotelbook.com
> www.quikbook.com
> www.hrs.de
> www.tripadvisor.de

Die Krux an Hotels in New Orleans ist, dass sich viele zwar, was das Äußere und die Lobby angeht, prächtig, gediegen-elegant und großzügig geben, die Zimmer dann aber oft eher klein und schlicht sind. Verbreitet ist „antikisierende" Möblierung, dazu gehören manchmal ein romantischer Innenhof *(courtyard)* und ein kleiner Pool. Wer nachts schlafen möchte, sollte im French Quarter ein Zimmer nach innen und möglichst weit oben verlangen.

Preiswerte **(Ketten-)Motels** befinden sich gehäuft an der Kreuzung der I-10 E mit dem US 90 (Exit 240, Chef Menteur Hwy.) bzw. im Westen an der Kreuzung mit dem Causeway Blvd. (Exit 228) sowie am Veterans Memorial Blvd. in Metairie und außerdem am Flughafen (I-10, Exits 223 und 225), besonders entlang dem Airline Hwy. in Kenner (US 61), sowie auf der anderen Flussseite am US 90 bei Gretna.

Preiskategorien

Die Kategorisierungen unten beziehen sich auf den ungefähren Preis für ein Doppelzimmer ohne Frühstück und zuzüglich Steuern. Bei Buchung vor Ort müssen 13 % plus $ 1 bis 2 Aufschlag pro Zimmer/Nacht je nach Hotelzimmerzahl dazugerechnet werden.

$	unter $ 80
$$	$ 80–130
$$$	$ 130–200
$$$$	über $ 200

▶ *Im Hotel Bourbons Orleans im French Quarter kann man gut nächtigen*

Unterkunft

Im **CBD** (Convention Center Blvd./St Charles Ave./Canal St.) gibt es vorwiegend größere Ketten- und Businesshotels der gehobenen Kategorie. Für Leute, die nur kurz in der Stadt sind, ist das **French Quarter** als Übernachtungsort strategisch am besten geeignet.

Hotels

Luxushotels

233 [D4] **Hotel Le Marais** $$$$,
717 Conti St., Tel. 504 5252300, www.hotellemarais.com. Neues, schickes und modernes Boutiquehotel in guter Lage mit Bar und Innenhof, Frühstück inklusive. Kostenloses WLAN, Gästecomputer und Fitnesscenter.

234 [C5] **Roosevelt Hotel** $$$$, www.therooseveltneworleans.com, Tel. 504 6481200. Zur Waldorf-Astoria-Kette gehöriges, elegantes Luxushotel in einem historischen Bau mit über 500 Zimmern. Mehrere Restaurants, Rooftop und Sazerac Bar.

235 [E3] **The Cornstalk Hotel** $$$$,
915 Royal St, Tel. 504 5231515, 18007596112, www. cornstalkhotel.com. Viktorianische Villa von 1816 mit berühmtem Zaun. Sehr edles Boutiquehotel mit 14 Zimmern.

Mittlere Kategorie

236 [E5] **Bienville House Hotel** $$-$$$$,
320 Decatur St., Tel. 504 5292345, 18005357836, www.bienvillehouse.com. Mit Innenhof, Pool, inkl. Frühstück und WLAN, verschiedene Raumtypen und -größen.

237 [F3] **Chateau Hotel** $$-$$$$, 1001 Chartres St., Tel. 504 5259636, www.chateauhotel.com. 45 unterschiedliche Zimmer inkl. Frühstück, dazu schöner Innenhof mit Bar.

238 [D4] **Dauphine Orleans** $$-$$$$,
415 Dauphine St., Tel. 18005217111, 504 5861800, www.dauphineorleans.com. 111 unterschiedliche Zimmer in mehreren Gebäuden und hinter schlichter Fassade (Hermann/Carriage House).

239 [D6] **International House** $$-$$$$,
221 Camp St., Tel. 504 5539550, 18006335770, www.ihhotel.com. Boutiquehotel im CBD mit historischer Ausstattung und kostenlosem WLAN. Erstes „Nonsmoking Hotel" in New Orleans. Mit LOA Cocktail Bar.

240 [F2] **Lamothe House Hotel** $$-$$$$,
621 Esplanade Ave., Tel. 1800 3675858, www.lamothehouse.com. Viktorianisch möbliertes Haus aus den 1830er-Jahren am Rand des French Quarter mit 11 Zimmern, 9 Suiten und romantischem Innenhof, Frühstück inkl.

EXTRATIPP

Mitten drin und doch recht ruhig

244 [E4] **The Bourbon Orleans** $$-$$$$, 717 Orleans St., www.bourbonorleans.com, Tel. 504 5232222. Unterschiedliche Zimmer und Suiten an der Bourbon Street, Zimmer rings um den Innenhof (mit Pool) in den oberen Etagen ruhiger. Restaurant, Gästecomputer und großzügige Lobby. Günstig bei Brokern wie Expedia.

Praktische Reisetipps
Unterkunft

🏨 **241** [D5] **Monteleone Hotel** $$$,
214 Royal St., Tel. 504 5233341, www.hotelmonteleone.com. 600 komfortable Zimmer, auch über deutsche Reiseveranstalter buchbar, schöner Blick von der Dachterrasse mit Pool und rotierender Bar (s. S. 28). Feierte kürzlich seinen 125. Geburtstag.

🏨 **242** [D6] **Parc St. Charles** $$-$$$,
500 St. Charles Ave., Tel. 504 5229000, www.parcstcharles.com. Hochhaus mit Fitnesscenter, Pool, Café und Restaurant. 120 moderne Standardzimmer mit Frühstück an der St. Charles Streetcar Line im Garden District.

🏨 **243** [C10] **Prytania Park Hotel** $$-$$$,
1525 Prytania St., Tel. 504 5240427, 18008621984, www.prytaniaparkhotel.com. 56 unterschiedlich große und eingerichtete Zimmer, zum Teil mit viktorianischer Ausstattung, an der Streetcar-Linie im Garden District gelegen. Frühstück im Preis enthalten.

Preiswerte Hotels

🏨 **245** [C10] **1415 Creole Gardens Guest House** $$, 1415 Prytania St., Tel. 504 5698700, www.creolegardens.com. 24 Zimmer verteilt auf verschiedene Gebäude, z. B. Cottage Rooms um einen Innenhof oder Zimmer im Haupthaus und in der Bordello Mansion. Günstig am Anfang des Garden District gelegen.

🏨 **246** [G3] **Frenchmen Hotel** $-$$, 417 Frenchmen St., Tel. 18008311781, www.frenchmenhotel.com. Zwei renovierte kreolische Stadthäuser aus dem 19. Jh. mit Pool und Spa im hübschen Innenhof. Zimmer und Suiten verschiedener Kategorien, mit Frühstück und nahe French Market in ruhiger Randlage des French Quarter, schon ab $ 59 (Mo.–Do.) inkl. Frühstück!

🏨 **247** [D4] **Hotel St. Marie** $-$$$,
827 Toulouse St., Tel. 18003662743, www.hotelstmarie.com. Nur ein Block von der Bourbon Street entfernt. Viele Gästezimmer mit Balkon, dazu Innenhof und Pool, WLAN und Gratisfrühstück.

🏨 **248** [B9] **Maison St. Charles** $$,
1319 St. Charles Ave., Tel. 504 5220187, www.maisonstcharles.com. 125 neu renovierte, gut ausgestattete Zimmer inkl. Frühstück in fünf Einzelhäuschen mit Pool, nahe dem Lee Circle im Garden District.

🏨 **249** [E4] **Place d'Armes Hotel** $$,
625 St. Ann, Tel. 504 5244531, http://www.placedarmes.com, werktags ab ca. $ 80, an Wochenenden teurer. 85 Zimmer zum Jackson Square hin mit romantischem Innenhof und inkl. Frühstück.

🏨 **250** [D3] **St. Peter House Hotel** $,
1005 St. Peter St., Tel. 18005357815, www.stpeterhouse.com. 29 Zimmer, davon 12 Suiten, eher klein, aber zweckmäßig. Jeder Raum ist anders und im Antiklook möbliert. Am Rand des French Quarter, dafür v. a. Mo. bis Do. sehr preiswert und inkl. Frühstück.

Hostels und Jugendherbergen

🏠**251** [em] **AAE Bourbon House Hostel** $, 1660 Annunciation St., www.bourbon.aaeworldhotels.com, Tel. 504 6442199. Relativ neues Hostel (von 2008) im Garden District mit Schlafsälen (Bett ab ca. $ 20) und normalen Zimmern inkl. Gratisfrühstück und kostenlosem WLAN.

🏠**252** [fj] **Historic Creole Lodge** $, 2471 Dauphine St., www.creoleinn.com. In Faubourg Marigny gelegen. Einfache Zimmer mit eigenen Bädern in einem historischen Haus ohne viel Komfort, aber preiswert und sauber. Parken und WLAN gratis.

🏠**253** [dj] **India House Backpackers Hostel** $, 124 S Lopez St., Tel. 504 8211904, www.indiahousehostel.com. Bett ab $ 17, Zimmer ab $ 45. Das Hostel liegt am Rand des CBD, in Mid-City. Lebhaft mit Bühne und Veranstaltungen, Parties und BBQs im großen Innenhof mit Pool.

🏠**254** [dl] **Joe & Flo's Candlelight Hostel** $, 1129 N. Robertson St., Tel. 504 5816689, www.joe-and-floscandlelight.hostel.com. In Fußgängerentfernung zu French Quarter und Bourbon St., in Tremé. Schlicht und preiswert.

Eine ausführliche Liste von Hostels und günstigen Unterkünften mit Preisen, Beschreibungen und Sofortbuchungsmöglichkeit gibt es unter:
> www.hostels.com („New Orleans")

Bed and Breakfast, Plantation Homes

Die Grenzen zwischen Inns, kleinen Hotels und Bed and Breakfasts sind fließend. Eine Liste von Privatzimmern in verschiedenen Preiskategorien, Komfortstufen und Vierteln findet sich z. B. auf:
> www.bedandbreakfast.com/neworleans-louisiana.html. Über 50 Bed and Breakfasts und kleine Hotels.

> www.neworleansbandbs.com. Ausgewählte Bed and Breakfasts und kleinere Hotels sowie Guesthouses.

> www.cajunland.com/bed_breakfast.htm. Links zu Bed and Breakfasts in der Stadt und im Cajun Country.

🏠**255** [ej] **A Petite Creole Plantation – Bed and Breakfast Inn** $$$, 2275 Bayou Rd., www.houseonbayouroad.com, Tel. 504 9450992. Nahe der Esplanade Ave. zwischen French Quarter und New Orleans Museum of Art gelegene grüne Ruheoase. Sieben unterschiedlich große, individuell gestaltete Zimmer in zwei Gebäuden, dazu eine Cottage.

🏠**256** [ej] **Degas House** $$$$, 2306 Esplanade Ave. (Bus 91, „N. Miro St."), Tel. 504 8215009, www.degashouse.com. „Historic home", in dem einst der berühmte Maler lebte. Im Obergeschoss befinden sich vier edle Zimmer und zwei Suiten, inkl. Frühstück, WLAN und Haustour.

🏠**257** [D2] **Garland Guest House** $$$, 1129 St. Philip St., Tel. 504 5231372, www.garlandsguesthouse.com. Am Rand des French Quarter, gegenüber dem Armstrong Park gelegener Komplex aus mehreren Cottages und prächtig begrüntem Innenhof. Ortskundige, hilfsbereite Angestellte, Gourmetfrühstück und sicheres Parken im Hof. 10 individuell ausgestattete, gemütliche Suiten (für 4 Pers.) und Zimmer.

🏠**258** [F2] **HH Whitney House** $$-$$$, 923 Esplanade Ave., Tel. 504 9489448, www.hhwhitney.com. Elegante Atmosphäre in historischer Mansion mit viktorianischer Möblierung. Fünf B&B-Zimmer umgeben von einem tropischen Garten.

◀ *Preiswert und gut: das Frenchmen Hotel*

Umgangsformen und Verhaltenstipps

Auch wenn New Orleans als besonders liberal und tolerant, als sehr „lässig" und „relaxt" gilt, sind durchaus amerikanische Umgangsformen verbreitet: Freundlichkeit, Hilfsbereitschaft, Diskretion und Disziplin. Der Kunde ist König. Vordrängen, Muffigkeit, Aggressivität und Hektik sind verpönt.

Do's und Don'ts – amerikanische Besonderheiten

› **Trinkgeld** *(tipp* oder *gratuity)* ist nicht inklusive und die Löhne der Beschäftigten im Dienstleistungsgewerbe sind gering. Im Restaurant werden mind. 15 % vom Rechnungsbetrag erwartet. Auch Taxifahrer oder Zimmermädchen erhoffen sich ein Trinkgeld.
› **Alkohol** darf nicht an Personen unter 21 Jahren verkauft oder ausgeschenkt werden.
› **Händeschütteln** ist bei der Begrüßung eher unüblich, dafür werden altersunabhängig die Vornamen benutzt.
› Eine Wissenschaft ist der Gebrauch der weiblichen **Anredeformen**: Mrs. (meist verheiratet oder verwitwet, älter) steht „Miss" als universal anwendbare Anredeform, unabhängig von Alter und oft auch Stand, und geschrieben noch neutraler „Ms." gegenüber.
› Die amerikanischen **Tischsitten** unterscheiden sich besonders im Hinblick auf das Hantieren mit dem Besteck von den europäischen: Amerikaner schneiden mit dem Messer vor und benutzen dann nur noch die Gabel. Beidhändig zu essen identifiziert den Europäer. Es würde keinem Amerikaner einfallen, Pizza oder Meeresfrüchte mit Messer und Gabel zu essen. Selbst in Toplokalen kann man sich Essensreste in ein *doggy bag* einpacken lassen oder nur gratis serviertes Leitungswasser trinken.
› **Toiletten** nennt man nie *toilet* sondern immer *restroom, ladies'/men's room, bathroom* oder *powder room.*
› In New Orleans mag man es nicht, wenn der Name der Stadt mit **Betonung** auf der zweiten Silbe („leans") ausgesprochen wird. Es heißt also „New ORlins" nicht „New OrLEENS" oder einfach noch kürzer „N'Awlins".

Verkehrsmittel

Nahverkehrsmittel

In New Orleans existiert ein gut ausgebautes öffentliches Verkehrssystem, das es erlaubt, bei einem Kurzaufenthalt auf das Auto zu verzichten. Der Stadtkern ist für Rundgänge zu Fuß bzw. in Kombination mit Trams oder Bussen hervorragend geeignet. Die berühmten grünen und roten **Streetcars**, aber auch die **Busse** werden von der Regional Transit Authority (RTA) betrieben.

Streetcars

Die **grünen St. Charles Streetcars** (s. S. 78) verkehren rund um die Uhr entlang der St. Charles Ave. zwischen Canal St. (CBD), Garden District, Uptown, Audubon Park und Carrollton. Für die insgesamt 21 km sind ca. 45 Minuten zu rechnen und etwa alle zwei Blocks gibt es durchnummerierte Haltestellen („Car Stop"). Am Endpunkt befindet sich keine Wendeschleife. Der Fahrer wechselt ans andere Ende, nachdem alle ausgestiegen sind und die Sitze umgeklappt wurden.

Die **roten Riverfront Streetcars** fahren entlang der Riverfront, dem Fluss-

Praktische Reisetipps
Verkehrsmittel

ufer, vom Convention Center über Jackson Square und French Market bis zur U.S. Mint. Auf der rund 3 km langen Strecke befinden sich mehrere Haltepunkte, die nach den rechtwinklig einmündenden Straßen benannt sind.

Die ebenfalls **roten Canal Streetcars** bedienen zwei Routen: „**Canal/City Park**" verkehrt zwischen Harrah's Casino/Riverwalk/Aquarium entlang der Canal Street zum City Park/NOMA, die Linie „**Canal/Cemeteries**" ebenfalls von Harrah's Casino/Riverwalk/Aqarium auf der Canal St., jedoch bis zu den Friedhöfen im Norden.

Informationen und Fahrpreise

Einzeltickets für Busse und Straßenbahnen kosten $ 1,25 (schnellere Expressbusse kosten $ 1,50), Umsteigekarten (bei Wechsel der Linien) gibt es für $ 0,25 beim Fahrer. Der Betrag muss abgezählt beim **Einsteigen vorn** in einen Kasten geworfen werden. Günstig für Besucher sind die Tagestickets, die es in den Touristeninformationen (s. S. 108), in verschiedenen Hotels und bei anderen Verkaufsständen gibt.

› **1-Day Pass** (auch in Bussen und Streetcars erhältlich): $ 3
› **3-Day Jazzy Pass:** $ 12
› **5-Day Jazzy Pass:** $ 20
› **Informationen RTA:** Tel. 504 2483900, www.norta.com (Netzplan unter „Rider Tools"/„Maps & Schedules"/„System")

▲ *Die ältesten Straßenbahnen der Stadt sind die grünen St. Charles Streetcars*

Taxis

Taxis (u. a. United Cab, Tel. 504 5220629, oder Service Cab, Tel. 504 8341400) sind zahlreich vorhanden, stehen vor Hotels oder Museen und verlangen **$ 3,50 Grundgebühr** plus **$ 2 pro Meile** (1,6 km). Für jeden weiteren Passagier fällt ein Aufschlag von $ 1 an. Bei großen Events wie Mardi Gras liegt der Minimalpreis bei $ 5 pro Person. Für eine Fahrt vom Flughafen beträgt die **Flatrate $ 33** für bis zu zwei Personen.

Fähren

Per Fähre (Autofähren, alle 15 Min., $ 1 pro Pkw stadteinwärts, sonst gratis) kommt man ab Canal Street Dock (Ende Canal St., beim Riverwalk) über den Fluss nach Algiers Point bzw. nach Gretna (Huey P. Long Ave.).
› **Infos:** www.friendsoftheferry.org

Versicherungen

Eine einzige Versicherung ist in den USA unverzichtbar: eine private **Auslandskrankenversicherung**. Da die Kosten für eine ärztliche Behandlung in den USA von den gesetzlichen Krankenversicherungen in Deutschland und Österreich (Schweizer Staatsbürger bitte nachfragen!) nicht übernommen werden, können ohne sie nämlich im Krankheits- oder Notfall hohe Kosten anfallen. Am günstigsten sind Jahres- bzw. Familienkrankenversicherungen. Zur Erstattung der Kosten zu Hause benötigt man ausführliche Quittungen.

Nicht immer sinnvoll ist der Abschluss **weiterer Versicherungen** wie Reiserücktritts-, Gepäck-, Reisehaftpflicht- oder Reiseunfallversicherung. Sie enthalten viele Ausschlussklauseln und zudem sind gewisse Schäden und Verluste auch durch bereits existierende Versicherungen wie Privathaftpflicht oder Unfallversicherung abgedeckt. Auch in manchen (Gold-)Kreditkarten sind bestimmte Versicherungen enthalten. Es lohnt sich, sich vorher genau zu informieren!

Wetter und Reisezeit

New Orleans hat **subtropisches Klima** mit Sommerdurchschnittstemperaturen von 27 °C und verzeichnet im jährlichen Durchschnitt immerhin gut 20 °C. Selbst im Winter sinken die Temperaturen nur selten unter 15 °C. Die meisten Niederschläge fallen im Juli.

Beste Reisezeiten sind das **Frühjahr**, wo es allerdings noch heftige Regenschauer geben kann, und besonders der **Herbst** – sogar bis in den November hinein. Im Sommer kann es hingegen sehr heiß werden, was angesichts einer Luftfeuchtigkeit von über 60 % eher unangenehm ist. Häufig ist dabei der Himmel bedeckt und es herrscht drückende Schwüle: Große Mengen an Flüssigkeit und leichte **Kleidung** – möglichst aus Naturfasern – sowie ein Regenschutz sind dann empfehlenswert.

Anhang

Kleine Sprachhilfe Amerikanisch

Für einen tieferen Einstieg in die Sprache seien an dieser Stelle die Reisesprachführer „Amerikanisch – Wort für Wort" (Kauderwelsch-Band 143), „American Slang" (Kauderwelsch-Band 29) und „More American Slang" (Kauderwelsch-Band 67) aus dem REISE KNOW-HOW Verlag empfohlen.

Begrüßung und Höflichkeit

Guten Morgen	*Good morning* (bis mittags)
Guten Tag	*Good afternoon* (ab mittags)
Guten Abend	*Good evening*
Gute Nacht	*Good night*
Auf Wiedersehen	*Good bye/Bye-bye/ See you* (umgangssprachlich)
Willkommen!	*Welcome!*
Mein Name ist ...	*My name is ...*
Wie heißen Sie?	*What's your name?*
Schön Sie/Dich kennenzulernen/zu sehen.	*Nice/Good to see you.*
Entschuldigen Sie ...	*Excuse me, please, ...* (bei Fragen)
Verzeihung!	*Sorry/Pardon me!*
Bitte	*Please* (bei Fragen, Bitten)
Danke	*Thank you/Thanks*
Bitte, gern geschehen	*You are (very) welcome*
Könnten Sie mir bitte sagen ...	*Could you, please, tell me ...*

Allgemeine Fragen und Wendungen

Ich bin/Wir sind ...	*I am .../We are ...*
Das ist/sind ...	*This is/These are ....*
Wo ist/sind ...?	*Where is/are ...?*
Wo kann ich ... bekommen?	*Where can I get ...?*
Was ist das?	*What's that?*
Haben Sie ...?	*Have you got ...? I am looking for ...*
Wie viel kostet ...?	*How much is ...?*
Ich verstehe nicht.	*I don't understand.*
Sprechen Sie Deutsch?	*Do you speak German?*
Wie heißt das auf Englisch?	*What's that in English?*
vielleicht	*perhaps, maybe*
wahrscheinlich	*probably*
Ist es möglich ...?	*Is it/Would it be possible ...?*
Wer?	*Who?*
Was?	*What?*
Wie?	*How?*
Wie viel(e)?	*How much?* (Menge) *How many?* (Anzahl)

Kleine Sprachhilfe Amerikanisch

Zeit

Wie spät ist es?	What time is it?
Es ist 10 Uhr	It's 10 a.m. (ante meridiem)
Es ist 22 Uhr	It's 10 p.m. (post meridiem)
Mittag/Mitternacht	noon/midnight
heute	today
morgen	tomorrow
gestern	yesterday
morgens	in the morning
nachmittags	in the afternoon
abends	in the evening
früh/früher	early/earlier
spät/später	late/later

Wochentage

Montag	Monday	Freitag	Friday
Dienstag	Tuesday	Samstag	Saturday
Mittwoch	Wednesday	Sonntag	Sunday
Donnerstag	Thursday	Feiertag	holiday

Geldangelegenheiten

Geld, Kleingeld, Bargeld	money, change, cash
1 Dollar ($)	„buck" (100 cent)
1/5/10/25 Cent (c.)	penny/nickel/dime/quarter
Tausender	grand
Geldautomat	ATM (automated teller machine)
Kreditkarte	credit card
Reisescheck	travelers cheque/check
Ausweis	ID (identification papers/card), passport
Steuer	tax
Gebühr	fee

Unterwegs

Wie weit ist es bis …?	How far is it to …?
Ist das der richtige Weg nach …?	Is this the right way to …?
Nord, Süd, Ost, West	north, south, east, west
links, rechts	left, right
geradeaus, zurück	straight (ahead), back (to)
Ampel, Kreuzung	traffic light(s), junction
Auto/Mietwagen	car, vehicle/rental car
Autovermietung	car rental station

Anhang
Kleine Sprachhilfe Amerikanisch

Lastwagen	*truck*
Motorrad	*motorcycle, bike*
Benzin	*gas*
Tankstelle	*gas station*
Führerschein	*driver's license*
Panne/Pannenhilfe	*breakdown/roadside assistance*

Öffentliche Verkehrsmittel

Fahrkarte	*ticket*
Tageskarte	*day pass*
einfache Fahrt	*one-way trip*
hin und zurück	*round trip*
Schienenverkehr (Tram, U/S-Bahn)	*light rail*
Straßenbahn	*tram, streetcar*
U-Bahn	*subway, metro*
(Bus-)Bahnhof/-Haltestelle	*(bus) station/stop*
Eisenbahn/Bahnhof	*railroad/railroad station*
Schiff/Fähre	*boat/ferry*

Unterkunft

Haben Sie ein Zimmer frei?	*Any vacancy? Do you have a room available?*
Zimmer frei/besetzt (Schilder)	*Vacancy/No vacancy*
Reservierung	*reservation*
Einzel-/Doppelzimmer	*single/double room*
... mit einem Bett/	*... with one (king-size)/*
... mit zwei Betten	*... two (queen-size) beds*
... mit Frühstück	*... breakfast included*
Badezimmer	*bathroom*
Dusche, Badewanne	*shower, bathtub*
WC	*bathroom, restroom, ladies'/men's room*
behindertengerecht	*handicapped accessible/ handicap-accessible*
Aufzug, Treppe, Rolltreppe	*elevator, stairs, escalator*
Stockwerk	*floor*
Parterre/erster Stock	*ground oder auch first floor/second floor*

Essen & Trinken

Speisekarte	*menu*
Ich möchte ... bestellen	*I would like (to order) .../I will take .../*

Rechnung	*check*	Mittagessen	*lunch*
Tagesgericht	*daily special*	Abendessen	*dinner/supper*
Vorspeise	*appetizer*	Bedienung	*waiter/waitress*
Hauptgericht	*entree/entrée*	Trinkgeld	*tip, gratuity*
Nachspeise	*dessert*	essen	*to eat*
Frühstück	*breakfast*	trinken	*to drink*

USA-Geheimtipp
www.cellion.de

Die Cellion USA-Handykarte – ein *Muss* für jeden USA-Reisenden

Fam. Dornfeld aus Bonn, Städtetrip New Orleans:

„Zum Glück haben wir vor der Abreise noch von der USA-Handykarte von Cellion erfahren. Damit telefoniert man erheblich günstiger als mit der deutschen Handykarte."

Felix aus Wiesbaden, Rundreise Südosten der USA:

„Wir hatten unterwegs Handyversorgung durch Cellion. Stets Netzempfang, günstige Preise, genaue Abrechnung. Klasse!"

Stefan aus Berlin, Urlaub in Florida:

„Großes Lob! Cellion ist die Empfehlung für jeden USA-Reisenden."

Sparen auch Sie beim Mobiltelefonieren in den USA! Sie erhalten Ihre USA-Handykarte noch vor Ihrer Abreise – kostenlos und ohne Nutzungsverpflichtung.

Verpassen Sie diese Gelegenheit nicht!

Info und kostenlose Bestellung

www.cellion.de

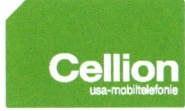

Die USA individuell entdecken

Hans-R. Grundmann
Florida: Von Key West bis New Orleans
Der richtige Begleiter für alle, die den Sonnenstaat auf eigene Faust erleben wollen: Routen zu populären und weniger bekannten Zielen und Sehenswürdigkeiten. Alles Wissenswerte zu Geografie und Klima, National und State Parks, Flora und Fauna, Kunst, Kultur, Geschichte und Gegenwart. Unterkunftsempfehlungen, die schönsten Campingplätze und ausführliche Ortsbeschreibungen mit Restauranthinweisen

Ingrid Henke
KulturSchock USA
Die USA sind als Superpower, größte Wirtschaftsmacht der Welt und Kulturexporteur Nr. 1 in unseren Medien allgegenwärtig. Der KulturSchock berichtet über die andere Seite der USA und hilft, das Land zu verstehen, in dem sogar der ärmste Slumbewohner stolz ist, ein Amerikaner zu sein.

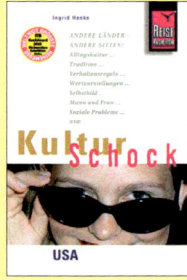

Elfi H. M. Gilissen
Amerikanisch – Wort für Wort
Schulenglisch spricht niemand in Nordamerika. Fast alles wird anders ausgesprochen als bei den Briten, vieles wird auch anders geschrieben und noch mehr Unterschiede gibt es im Wortgebrauch. Ein „rubber" ist im Amerikanischen eben kein Radiergummi, sondern ein Kondom! Damit Sie nicht ins Fettnäpfchen treten, gibt es jetzt diesen Sprechführer nach dem bewährten Kauderwelsch-Rezept.

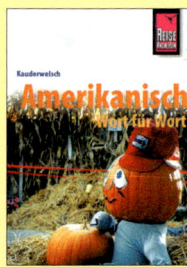

REISE KNOW-HOW Verlag, Bielefeld

Register

1850 House 63

A

Acadian Village 99
Advance Passenger
 Information System
 (APIS) 105
Airport-Downtown
 Express 102
Airport Shuttles 102
Amerikanisch 120, 132
Amtrak 103
An- und Rückreise 102
Apotheken 113
Arena Football 119
Armstrong, Louis 54
Arzt 113
Audubon Nature Institute 34
Audubon Nature Institute –
 Aquarium of the
 Americas 33
Audubon Nature Institute –
 Insectarium 33
Audubon Nature Institute –
 Zoo 33
Autofahren 103
Automobilklub 104

B

Bargeld 107
Barrierefreies Reisen 104
Bars 28
Baseball 118
Basin Street Station 68
Basketball 119
Baton Rouge 94
Bayou Classic 13
Bayou Teche
 Museum 100
Beauregard-Keyes
 House 73
Bed and Breakfast 127
Benutzungshinweise 5

Blaine Kern's
 Mardi Gras World 82
Bourbon Street 64

C

Cabildo 61
Cafés 26
Cajun Country 96
Canal Street 79
Celebration
 in the Oaks 13
Chalmette Battlefield and
 National Cemetery 93
Chemical Corridor 53
Citybummler 13
City Park 89
Conrad Rice Mill –
 Konriko 100
COOLinary New Orleans 23
Creole Tomato Festival 12
Crescent City Blues &
 BBQ Festival 13

D

Datum 123
Deepwater Horizon
 Oil Spill 52
Diplomatische
 Vertretungen 104
Discos 31
Do's und Dont's 128

E

EC-Karte 107, 114
Einkaufen 15
Einreisekontrolle 106
Ein- und Ausreise-
 bestimmungen 105
Eisläden 26
Electronic System
 for Travel Authorization
 (ESTA) 105
Elektrizität 106
Englisch 120, 132

Entspannen 37
ESSENCE Music Festival 12
Essen und Trinken 19

F

Fähren 130
Fahrpreise 129
Feiertage 13
Ferien 13
Feste 11
Flüge 102
Flughafen 102
Football 83, 118
Französisch 120
French Market 74
French Quarter 59
French Quarter
 Festival 11
Friedhöfe 66
Fundbüros 115

G

Galerien 36
Gallier Hall 81
Gallier House Museum 72
Garden District 86
Gastronomie 21
Geldfragen 107
Genießer 19
Geografie 49
Geschichte 41
Gesellschaft 47
Greenwood Cemetery 67
Gretna 92
Greyhound 103

H

Hermann-Grima House 69
Historic New Orleans
 Collection 63
Homosexuelle 115
Hostels 127
Hotels 125
Hurricanes 43, 44, 49

Anhang
Register

I
Informationsquellen 108
Internet 111
Internetcafés 111

J
Jackson Square 60
Jazz 53
Jean Lafitte National Historical Park 98
Jugendherbergen 127
Jungle Gardens of Avery Island 100

K
Karneval 84
Kartensperrung 114
Kinder 113
Kinos 33
Klima 49, 130
Kochkurse 122
Konfektionsgrößen 112
Krankenhaus 113
Kreditkarte 107, 114
Kulinarisches 20
Kurztrip 8

L
Lafayette Cemetery 67
Lafitte, Jean und Pierre 65
Lake Pontchartrain 91
Lakeview 91
Leben in der Stadt 46
Lee Circle 81
Lesben 115
LGBT 115
Literaturtipps 110
Livemusik 29
Longue Vue House and Gardens 91
Louis Armstrong Park 68
Louisiana Arts and Science Museum 95
Louisiana Cajun-Zydeco Festival 12
Louisiana Children's Museum 35
Louisiana's Civil War Museum at Confederate Memorial Hall 35
Louisiana Seafood Festival 12
Louisiana State Capitol 95
Louisiana State Museum 96
Louisiana State Tigers 118
Louisiana State University – Visitor Center 96
Louisiana Swamp Festival 13
Louisiana Tax-Free Shopping 15
LSU Tigers Shop 96

M
Madame John's Legacy 70
Maestrokarte 107, 114
Magazine Street 86
Mardi Gras 11, 84
Märkte 18
Maße und Gewichte 112
Medizinische Versorgung 113
Mehrwertsteuer 15
Menschen mit Behinderung 104
Metairie Cemetery 67
Mietwagen 102, 103
Mobile Phone 123
Museen 33
Musik 53

N
Nachtleben 28
Napoleon House 63
National World War II Museum 80
Naval War Museum 97
New Iberia 99
New Orleans African American Museum (NOAAM) 35
New Orleans Bowl 13
New Orleans Film Festival 13
New Orleans Historic Voodoo Museum 69
New Orleans Hornets 119
New Orleans Jazz & Heritage Festival 12
New Orleans Jazz National Historical Park 32, 75
New Orleans Museum of Art 89
New Orleans Musical Legends Park 30
New Orleans Pharmacy Museum 63
New Orleans Po-boy Preservation Festival 13
New Orleans Saints 83, 118
New Orleans Spring Fiesta 11
New Orleans VooDoo 119
New Orleans Wax Museum 35
New Orleans Wine & Food Experience 12
Nightclubs 31
Notfälle 104, 114
Notrufnummern 114

O
Öffnungszeiten 15, 115
Ogden Museum of Southern Art 81
Old State Capitol 97
Old Ursuline Convent 73
Old U.S. Mint 74
Orientierungshilfe 58

Register

P

Paddlewheeler 76
Pannen 104
Parks 37
Pitot House Museum 91
Plantation Homes 127
Plantation Road 93
Politik 46
Polizei 114
Pontalba Buildings 62
Post 115
Preise und Kosten 107
Presbytère 61
Publikationen und Medien 109
Pubs 28

R

Raucher 26
Reisekrankenversicherung 113
Reiseschecks 107
Reisezeit 130
Restaurants 21
Rip Van Winkle Gardens 100
Riverfront 76
Royal Street 71

S

Satchmo SummerFest 12
Schaufelraddampfer 76
Schiffsausflüge 122
Schwule 115
Secure Flight 105
Shadows-on-the-Teche 100
Shopping 15
Sicherheit 117
Smoker's Guide 26
Southern Decadence Festival 12
Southern Drawl 119
Southern Food & Beverage Museum 36
Spartipps 108
Spaziergang 14
Spermnotruf 115
Spezialtouren 120
Sport 118
Sprache 119, 120
Sprachhilfe 132
Stadtmagazine 109
Stadttouren 120
St. Charles Ave. 89
St. Louis Cathedral 60
St. Louis Cemetery No. 3 67
Streetcars 78, 128
Sugar Bowl 11
Superdome 82
Swamp Tours 122

T

Tabasco 100
Taxi 102
Taxis 130
Telefonieren 123
Tennessee Williams/ New Orleans Literary Festival 11
Termine 11
Theater 33
The House of Broel 36
Tickets 31, 109
Tourismus 50
Touristeninformation 108
Träumen 37
Tremé 68

U

Überschwemmungen 43, 45, 49
Uhrzeit 123
Umgangsformen 128
Umweltverschmutzung 52
Unterkunft 124
USS Kidd 97

V

Vegetarische Restaurants 27
Veranstaltungen 11
Veranstaltungsorte 32
Veranstaltungs- und Kartenservice 109
Verhaltenstipps 128
Verkehrsmittel 128
Verkehrsregeln 104
Vermilionville 99
Versicherungen 130
Viertel 58
Vieux Carré 59
Visa Waiver Program (VWP) 105
Visum 105
Voodoo 70
Voodoo Music Experience 13
Vorwahlen 123

W

Währung 107
Walking Tours 120
Warehouse District 80
Warehouse und Central Business District 77
Wechselkurs 107
Wetter 130
Wirtschaft 50
WLAN 26, 111

Z

Zeitungen 109
Zeitverschiebung 123
Zephyrs 118
Zoll 106

Liste der Karteneinträge

- ❶ [E4] Jackson Square S. 60
- ❷ [E4] St. Louis Cathedral S. 60
- ❸ [E4] Cabildo und Presbytère S. 61
- ❹ [F4] Pontalba Buildings S. 62
- ❺ [E4] New Orleans Pharmacy Museum S. 63
- ❻ [E5] Napoleon House S. 63
- ❼ [E4] Historic New Orleans Collection S. 63
- ❽ [E4] Bourbon Street S. 64
- ❾ [C4] St. Louis Cemetery No. 1 S. 64
- ❿ [D2] Tremé und Louis Armstrong Park S. 68
- ⓫ [D4] Hermann-Grima House S. 69
- ⓬ [E3] New Orleans Historic Voodoo Museum S. 69
- ⓭ [E3] Madame John's Legacy S. 70
- ⓮ [F3] Royal Street S. 71
- ⓯ [F3] Gallier House Museum S. 72
- ⓰ [F3] Old Ursuline Convent S. 73
- ⓱ [F3] Beauregard-Keyes House S. 73
- ⓲ [G3] Old U.S. Mint S. 74
- ⓳ [F4] French Market S. 74
- ⓴ [F4] New Orleans Jazz National Historical Park S. 75
- ㉑ [F4] Riverfront S. 76
- ㉒ [D6] Canal Street S. 79
- ㉓ [E8] Warehouse District S. 80
- ㉔ [D8] National World War II Museum S. 80
- ㉕ [C8] Ogden Museum of Southern Art S. 81
- ㉖ [C8] Lee Circle S. 81
- ㉗ [C7] Gallier Hall S. 81
- ㉘ [A6] Superdome S. 82
- ㉙ [fm] Blaine Kern's Mardi Gras World S. 82
- ㉚ [em] Magazine Street S. 86
- ㉛ [dm] Garden District S. 86
- ㉜ [dm] St. Charles Ave./ Uptown S. 89
- ㉝ [ci] New Orleans Museum of Art/ City Park S. 89
- ㉞ [di] Pitot House Museum S. 91
- ㉟ [bj] Longue Vue House and Gardens S. 91
- ㊱ [en] Gretna S. 92
- ㊲ [S. 144] Chalmette Battlefield and National Cemetery S. 93
- ㊳ [S. 144] Plantation Road S. 93
- ㊴ [S. 144] Baton Rouge S. 94
- ㊵ [S. 144] Lafayette – die Cajun Capital S. 97
- ㊶ [S. 144] „Queen City" New Iberia S. 99

- 🛍1 [F4] Jax Brewery JAX S. 16
- 🛍2 [F7] Riverwalk S. 16
- 🛍3 [dm] The Rink S. 16
- 🛍4 [E6] The Shops@Canal Place S. 16
- 🛍6 [dm] ah-ha S. 16
- 🛍7 [bn] Azby's S. 16
- 🛍8 [dn] Buffalo Exchange S. 16
- 🛍9 [E5] Extras S. 16
- 🛍10 [E4] Hana S. 16
- 🛍11 [E4] Hemline S. 16
- 🛍12 [E3] Hemline Simplicity by Hemline S. 16
- 🛍13 [E5] Hoi Polloi Boutique S. 16
- 🛍14 [D5] Meyer The Hatter S. 16
- 🛍15 [cn] Miss Claudia's Vintage Clothing & Costumes S. 16
- 🛍16 [G3] Powder Room S. 17
- 🛍17 [D5] Rubenstein Bros S. 17
- 🛍18 [bn] Spring S. 17
- 🛍19 [E4] Wise Buys S. 17
- 🛍20 [E4] Arcadian Books & Art Prints S. 17
- 🛍21 [E5] Beckham's Bookshop S. 17
- 🛍22 [D5] Crescent City Books S. 17
- 🛍23 [D4] Dauphine Street Books S. 17
- 🛍24 [E4] Faulkner House Books S. 17
- 🛍25 [bn] Octavia Books S. 17
- 🛍26 [em] Jim Russell's Records S. 17
- 🛍27 [E5] Louisiana Music Factory S. 17
- 🛍28 [E5] Peaches Records S. 17
- 🛍29 [E4] Bayou Country General Store S. 17

Anhang
Liste der Karteneinträge

- 30 [E5] Blackened Redfish Store @ K-Paul's S. 17
- 31 [F3] Café Du Monde S. 17
- 32 [E4] Creole Delicacies S. 18
- 33 [F7] Crescent City Cooks S. 18
- 34 [E5] New Orleans School of Cooking & Louisiana General Store S. 18
- 35 [E4] Rouses S. 18
- 36 [E4] Tabasco Country Store S. 18
- 37 [bn] Whole Foods Market S. 18
- 38 [G3] Community Flea Market S. 18
- 39 [D7] Crescent City Farmers Market Downtown S. 18
- 40 [dj] Crescent City Farmers Market südlich City Park S. 18
- 41 [am] Crescent City Farmers Market Uptown S. 18
- 42 [G3] Artist's Market & Bead Shop S. 18
- 43 [F4] Friends of the Cabildo Museum Store S. 18
- 44 [D5] Gumbo Ya Ya S. 18
- 45 [F4] Jazz Funeral S. 18
- 46 [E5] Little Shop of Fantasy S. 18
- 47 [F7] Mardi Gras Madness S. 18
- 48 [E4] New Orleans Images S. 18
- 49 [E4] Roux Royale S. 18
- 50 [E4] Antoine's Restaurant S. 21
- 51 [D5] Arnaud's Restaurant S. 22
- 52 [E4] Brennan's Restaurant S. 22
- 53 [D4] Broussard's S. 22
- 54 [dm] Commander's Palace S. 22
- 55 [E4] Court of Two Sisters S. 22
- 56 [D5] Galatoire's S. 22
- 57 [F4] Tujague's S. 22
- 58 [E4] Alex Patout's Louisiana Restaurant S. 23
- 59 [D6] Bon Ton Cafe S. 23
- 60 [D9] Cochon S. 23
- 61 [E5] K-Paul's Louisiana Kitchen S. 23
- 62 [E8] Mulate's S. 23
- 63 [E6] August S. 23
- 64 [D4] Bayona S. 23
- 65 [bn] Clancy's S. 23
- 66 [C7] Herbsaint Bar & Restaurant S. 23
- 67 [dm] Joey K's Restaurant S. 23
- 68 [dn] Lilette Restaurant S. 23
- 69 [cj] Mandina's S. 24
- 70 [C5] MiLa S. 24
- 71 [E5] NOLA S. 24
- 72 [cm] Upperline Restaurant S. 24
- 73 [D5] Acme Oyster House S. 24
- 74 [cn] Casamento's Restaurant S. 24
- 75 [D5] Deanie's Seafood S. 24
- 76 [D5] Red Fish Grill S. 24
- 77 [F3] Irene's S. 24
- 78 [D4] Jägerhaus S. 24
- 79 [G3] Louisiana Pizza Kitchen S. 25
- 80 [E4] Rio Mar S. 25
- 81 [E4] Sylvaine S. 25
- 82 [F4] Central Grocery S. 25
- 83 [dj] Dooky Chase Restaurant S. 25
- 84 [F4] Franks S. 25
- 85 [bn] Guy's Po-boys S. 25
- 86 [E5] Johnny's Po-boys S. 25
- 87 [dn] Mahony's Po-Boy Shop S. 25
- 88 [D7] Mother's S. 25
- 89 [E5] Somethin' else Café S. 26
- 90 [fi] Sammys S. 25
- 91 [bn] Bee Sweet Cupcakes S. 26
- 92 [D5] Café Beignet S. 26
- 93 [F4] Café Du Monde S. 26
- 94 [E5] CC's Community Coffee House S. 26
- 95 [dm] Gott Gourmet Café S. 27
- 96 [E4] La Divina Café & Gelateria S. 27
- 97 [F4] meltdown S. 27
- 98 [D6] PJ's Coffee & Tea S. 27
- 99 [E4] Royal Blend Coffee & Tea House S. 27
- 100 [G2] Mona's Café & Deli S. 27
- 101 [F3] Organic Banana S. 27
- 102 [gj] Satsuma Café S. 27
- 103 [C10] Surrey's Cafe & Juice Bar S. 27
- 105 [ci] Ralph's on the Park S. 25

Anhang
Liste der Karteneinträge

- ❶106 [E5] Black Bull Cigar Company S. 26
- ❶107 [D8] Bouche Weinbar S. 26
- ❶108 [E3] Café Havana S. 26
- ❶109 [D5] Cigar Factory New Orleans S. 26
- ❶110 [E4] Crescent City Cigar Shop S. 26
- ❶111 [F3] Stella! S. 28
- ❶112 [E3] Cover Grill S. 28
- ❶113 [B9] St. Charles Tavern S. 28
- ❶114 [al] Bruno's Tavern S. 28
- ❶115 [E5] Crescent City Brewhouse S. 29
- ❶116 [F3] Molly's at the Market S. 29
- ❶117 [dn] The Bulldog S. 29
- ❶118 [D4] Three-Legged Dog S. 29
- ❶119 [D9] Ugly Dog Saloon S. 29
- ❶120 [G2] Blue Nile Nightclub S. 29
- ❶121 [G2] Cafe Brasil S. 30
- ❶122 [G2] d.b.a. S. 30
- ❶123 [D3] Funky Butt at Congo Square S. 30
- ❶124 [E4] Funky Pirate S. 30
- ❶125 [E5] House of Blues S. 30
- ❶126 [E4] Howlin' Wolf S. 30
- ❶127 [al] Maple Leaf Bar S. 30
- ❶128 [bk] Mid-City Lanes & Rock 'N' Bowl Cafe S. 30
- ❶129 [G2] Snug Harbor S. 30
- ❶130 [G2] The Spotted Cat S. 31
- ❶131 [cn] Tipitina's S. 31
- ❶132 [E4] Preservation Hall S. 31
- ❶133 [C5] Ampersand S. 31
- ❶134 [E3] Club 735 S. 31
- ❶135 [E4] Republic S. 31
- ❶136 [D5] Rhythms S. 31
- ❶137 [D5] New Orleans Musical Legends Park S. 30
- ●138 [E6] Harrah's New Orleans Casino S. 30
- ❶139 [em] The Trolley Stop S. 30
- ●140 [D8] Contemporary Arts Center S. 32
- ●141 [E9] Ernest N. Morial Convention Center S. 32
- ●142 [A7] New Orleans Arena S. 32
- ●143 [fk] NOCCA (New Orleans Center for Creative Arts) S. 32
- ●146 [F4] New Orleans Jazz National Historical Park Visitor Center S. 32
- ❶147 [E4] Le Petit Theatre du Vieux Carré S. 33
- ❶148 [D3] Mahalia Jackson Theater of the Performing Arts S. 33
- ❶149 [E6] Southern Repertory Theatre S. 33
- ❶150 [bm] Prytania Theatre S. 33
- ❶151 [E6] The Theatres at Canal Place S. 33
- ❶152 [E6] Audubon Nature Institute – Aquarium of the Americas S. 33
- ❶153 [E6] Audubon Nature Institute – Insectarium S. 33
- ❶154 [an] Audubon Nature Institute – Zoo S. 33
- ❶155 [D8] Louisiana Children's Museum S. 35
- ❶156 [C8] Louisiana's Civil War Museum at Confederate Memorial Hall S. 35
- ❶157 [D1] New Orleans African American Museum (NOAAM) S. 35
- ❶158 [D4] New Orleans Wax Museum S. 35
- ❶159 [F7] Southern Food & Beverage Museum S. 36
- ❶160 [dm] The House of Broel S. 36
- ❶161 [bn] Art for the Soul S. 36
- ❶162 [D4] Brass Monkey The Collector S. 36
- ❶163 [E4] Le Petit Soldier Shop/Sword & Pen S. 36
- ❶164 [E4] Lucullus Inc. S. 36
- ❶165 [D7] New Orleans ArtWorks S. 36
- ❶166 [E4] Rodrigue Studios S. 37
- ❶167 [E4] Vintage 429 und 329 Gallery S. 37
- ❶168 [E3] Lafitte's Blacksmith Shop S. 65
- ❶169 [C3] Basin Street Station Welcome Center S. 68
- ★170 [bi] Greenwood Cemetery S. 67
- ★171 [dm] Lafayette Cemetery S. 67

Anhang
Liste der Karteneinträge

- ★172 [bi] Metairie Cemetery S. 67
- ★173 [di] St. Louis Cemetery No. 3 S. 67
- ▲174 [E3] Marie Laveau's House of Voodoo S. 71
- ▲175 [D3] Voodoo Spiritual Temple & Shop S. 71
- ❶176 [em] Magazine Po-Boy Shop S. 88
- ●202 [A7] Union Station S. 103
- ●204 [B6] Honorary Consulate of Germany S. 105
- ●205 [D7] Honorary Consulate General of Austria S. 105
- ●206 [E7] Honorary Consulate of Switzerland S. 105
- ❶207 [em] NOMCVB Information Center S. 108
- ❶208 [F4] NOMCVB Visitor Center/ Louisiana Office of Tourism Welcome Center S. 109
- ❶209 [E5] Jean Lafitte NHP Visitor Center S. 109
- ●210 [A6] Ticketmaster S. 109
- ●211 [em] Walmart Supercenter S. 109
- @212 [E4] Internet Cafe S. 111
- @213 [D5] krystal on bourbon S. 111
- ❶214 [D8] New Orleans Urgent Care S. 113
- ❶215 [B5] Tulane Medical Center S. 113
- ❶216 [an] Children's Hospital of New Orleans S. 113
- ❶217 [ei] Emergency Dentist 24/7 S. 113
- ❶218 [D5] Walgreen's S. 113
- ❶219 [C5] Walgreen's S. 113
- ▶220 [D5] New Orleans Police Department S. 114
- ▶221 [D4] New Orleans Police Department S. 114
- ⊠222 [B7] US Post Office S. 115
- ⊠223 [D7] US Post Office S. 115
- ▲224 [G2] Faubourg Marigny Art & Books S. 116
- ❶225 [G3] Gay & Lesbian Community Center of New Orleans S. 116
- ❶226 [E3] Bourbon Pub S. 116
- ❶227 [E3] Café Lafitte in Exile S. 116
- ❶228 [E3] Oz S. 116
- 🏠230 [G1] Aaron Ingram Haus S. 116
- 🏠231 [fj] Burgundy Bed and Breakfast S. 116
- §232 [am] Audubon Park S. 118
- 🏠233 [D4] Hotel Le Marais S. 125
- 🏠234 [C5] Roosevelt Hotel S. 125
- 🏠235 [E3] The Cornstalk Hotel S. 125
- 🏠236 [E5] Bienville House Hotel S. 125
- 🏠237 [F3] Chateau Hotel S. 125
- 🏠238 [D4] Dauphine Orleans S. 125
- 🏠239 [D6] International House S. 125
- 🏠240 [F2] Lamothe House Hotel S. 125
- 🏠241 [D5] Monteleone Hotel S. 126
- 🏠242 [D6] Parc St. Charles S. 126
- 🏠243 [C10] Prytania Park Hotel S. 126
- 🏠244 [E4] The Bourbon Orleans S. 125
- 🏠245 [C10] 1415 Creole Gardens Guest House S. 126
- 🏠246 [G3] Frenchmen Hotel S. 126
- 🏠247 [D4] Hotel St. Marie S. 126
- 🏠248 [B9] Maison St. Charles S. 126
- 🏠249 [E4] Place d'Armes Hotel S. 126
- 🏠250 [D3] St. Peter House Hotel S. 126
- 🏠251 [em] AAE Bourbon House Hostel S. 127
- 🏠252 [fj] Historic Creole Lodge S. 127
- 🏠253 [dj] India House Backpackers Hostel S. 127
- 🏠254 [dl] Joe & Flo's Candlelight Hostel S. 127
- 🏠255 [ej] A Petite Creole Plantation Bed and Breakfast Inn S. 127
- 🏠256 [ej] Degas House S. 127
- 🏠257 [D2] Garland Guest House S. 127
- 🏠258 [F2] HH Whitney House S. 127

Hier nicht aufgeführte Nummern liegen außerhalb der abgebildeten Karten. Ihre Lage kann aber wie bei allen Ortsmarken im Buch mithilfe unserer Kartenansichten unter Google Maps™ gefunden werden (s. S. 144).

Mit PC, Navi, iPhone & Co.

Als **kostenlosen Begleitservice** stellen wir unter www.reise-know-how.de auf der Produktseite dieses Titels folgende Daten und Anwendungen bereit.

★ **Alle Ortsmarken des Buches unter Google Maps™:** Springen Sie im Internet direkt aus unseren thematischen Listen an den genauen Punkt auf der Karte. Luftbildansichten, Fotos und die Streetview-Funktion zeigen ein genaues Bild des Objektes und seiner Umgebung. Weitere Funktionen wie Routenplaner und Verkehrsplan erleichtern die Orientierung vor Ort. Nutzbar auf allen Geräten mit Internetbrowser und permanentem Internetzugang.

★ **Faltplan als PDF mit Geodaten:** Nach dem Speichern auch mobil nutzbar auf allen Geräten mit PDF-Reader. Der aktuelle Acrobat Reader™ stellt Zusatzfunktionen für die Geodaten bereit. Für iPhone/iPad empfiehlt sich die App „PDF Maps" von Avenza™.

★ **GPS-Daten aller Ortsmarken:** einfacher Import in GPS-Geräte, Navis und Geosoftware auf PCs und mobilen Geräten

★ **Kapitel „Praktische Reisetipps" als PDF:** Nach dem Speichern auch mobil nutzbar auf allen Geräten mit PDF-Reader.

Darüber hinaus kann das Buch insgesamt oder eine persönliche **Auswahl einzelner Seiten als PDF käuflich erworben** werden. Nach dem Speichern auch mobil nutzbar auf allen Geräten mit PDF-Reader.

Aktuelle Tipps und Hilfe unter: www.reise-know-how.de

Legende der Karten- und Textsymbole

✚ ✛	Arzt, Apotheke, Krankenhaus
ⓥ	Bar, Bistro, Klub, Treffpunkt
𝐁	Bibliothek
ⓑ	Biergarten, Kneipe, Pub
ⓒ	Café
𝆧	Denkmal
⊖	Fischrestaurant
⌂	Galerie
▲	Geschäft, Kaufhaus, Markt
⌂	Hotel, Unterkunft, Apartments
ⓘ	Imbiss
❶	Informationsstelle
@	Internetcafé
⛪	Kirche
⌂	Museum
ⓜ	Musikszene, Disco
✉ ☏	Postamt
⚑	Polizei
ⓡ	Restaurant
★	Sehenswürdigkeit
ⓢ	Sport-/Spieleinrichtung
●	Sonstiges
ⓞ ☙	Theater
ⓥ	vegetarisches Restaurant
—○—	Streetcar-Linie
━━	Stadtspaziergang (s. S. 14)
▭	Shoppingareale
▭	Gastro- und Nightlife-Areale